ニュースがよくわかる日本史
近現代編

河合 敦

祥伝社黄金文庫

本書は、２０１５年12月、小社から単行本で刊行された『ニュースがよくわかる教養としての日本近現代史』を改題し、加筆・修正して文庫化したものです。

はじめに

テレビのニュースを見ていて、国内の出来事や政治ならよく理解できても、それが国際的な話になると、とたんに訳がわからなくなってしまうという人は少なくないだろう。世界で起こっている国家間の紛争や国際的なテロは、じつは過去に起こったある出来事が引き金になって、宗教対立や複雑な要素がからんで、そのまま長引いているケースが少なくないのである。

それは、日本の場合も同様であろう。我が国は現在、ロシアや中国、韓国との間で領土問題をかかえ、たびたび対立が起こっている。それは、ここ数年に始まった話ではない。長い経緯があって、現在も問題化し続けているのだ。

そうしたことは、領土問題だけに留まらない。みなさんは、以下の疑問に明確に答えることができるだろうか。

ちょっと考えていただきたい。

靖国神社に日本の首相や閣僚が参拝すると、どうして中国は強く反発するのだろうか。そもそも靖国神社というのは、どのような性格の神社なのだろう。

韓国政府は、日本に対して「正しい歴史認識を持て」と声高に主張するが、韓国政府は日本人の何が間違っていると考えているのだろうか。

なにゆえ、日本列島の中の沖縄県だけに、あんなにたくさんのアメリカ軍の基地が存在するのだろうか。沖縄県民の多くが基地に反対しているのに、どうして他県の人びとは、その現状を容認しているのだろうか。

こうした今の日本が抱える近隣諸国との軋轢《あつれき》は、歴史をしっかり知らないと、正しく理解することはできないのである。

「そんなことを知らなくても構わない」そう思う方もいるかもしれない。が、知らないことは罪であり、場合によっては無知が紛争の種を発芽させ、武力衝突に発展させてしまうことは、これまでの歴史をみれば枚挙にいとまがない。

私たち日本人は、平和憲法とアメリカの保護のもとで70年以上も戦争や武力紛争をしてこなかった非常に珍しい平和国家である。だが、それがこのまま続くという保証はないし、相手国との関係が悪化すれば、場合によっては戦争が勃発する可能性だってある。

とくに近年、中国や韓国が、日本政府や閣僚の言動について、ことあるごとにさまざまなクレームをつけてくる。当然ながら、そうした態度を見たら、日本人なら誰だって、いやな気持ちになるし、相手国に対して強い嫌悪感を持つようになる。それは、自然な感情だろう。だが、過去があって、今があるのである。

まずは歴史を知り、日本と相手国の言い分を知り、そのうえで一人一人が自分の意見を持って行動できるようになることが大切だと私は考えている。

そこで今回、日本が抱える国際的な問題について、その歴史的経緯が理解できるような本を書いてみようと思い立った。執筆にあたって、これまでの歴史学の成果をとりいれ、なるべく客観的に書いたつもりである。本書を読めば、きっとみなさんも、日本に関連する複雑な国際的なニュースをすんなり理解できるようになると自負している。

河合《かわい》　敦《あつし》

ニュースの疑問。あなたは答えられますか？

北方領土が変換されない本当の理由は何か
詳しく知りたい人は P204へ

沖縄県に米軍基地が集中しているのはなぜか
詳しく知りたい人は P229へ

第二次世界大戦や植民地経営、中国や韓国はなぜ日本に憎しみを持ち続けるのか
詳しく知りたい人は P29へ

そもそも靖国神社は、どのような性格の神社なのか
詳しく知りたい人は P255へ

「明治日本の産業革命遺産」の世界遺産登録に、韓国はなぜクレームをつけるのか
詳しく知りたい人は P171へ

靖国神社に日本の首相や閣僚が参拝すると、中国はなぜ強く反発するのか
詳しく知りたい人は P255へ

尖閣諸島はどんな島で、なぜ日中間の火だねになっているのか
詳しく知りたい人は P263へ

南京大虐殺はあったのか、なかったのか
詳しく知りたい人は P167へ

徴用工問題がいまだに裁判になるのはなぜか
詳しく知りたい人は P173へ

韓国政府は、日本人の歴史認識のどこが間違っていると考えているのか
詳しく知りたい人は P147へ

竹島問題はなぜ複雑な問題になったのか
詳しく知りたい人は P118へ

従軍慰安婦問題がアメリカでも批判されるのはなぜか
詳しく知りたい人は P180へ

学者たちが危うさを指摘したにもかかわらず、「安全保障関連法案」はなぜ成立したのか
詳しく知りたい人は P219へ

ニュースがよくわかる日本史 目次

6　南京大虐殺は存在しなかったのか？……149

——恐慌の時代

7 北方領土が返還されない本当の理由とは？……183
──太平洋戦争と日本の敗戦

装丁　フロッグキングスタジオ
図版　J-ART

「歴史レジェンド」とは何か？

——ペリーの来航と幕府の消滅

1

戦争も辞さないペリーに動揺した幕府

近代を知るにあたって、まずは幕府が消滅するまでの流れを大きくつかんでおこう。

19世紀、日本の社会は大きく変貌するが、それはやはり外圧のせいだ。

ペリーが来航する以前からたびたび日本に外国船が来航して開国や交易を求めていたが、1853年にやって来たペリー艦隊は、これまでとは比較にならないほど、強硬な態度で幕府に開港を迫《せま》ってきた。

アメリカの正式な使節として来航したマシュー・ペリー提督が率いた黒船4隻のうち、2隻は最新の蒸気船であった。しかも、蒸気船はこれまで日本人が遭遇したことのない巨大な船体を持ち、もくもくと煙を吐きながら航行しており、人びとを驚かせるのに十分な存在感を持っていた。

ペリーは、浦賀《うらが》奉行所の役人を脅かすような態度で、フィルモア大統領の国書の受取りを迫り、強く開港を求めた。このおり黒船の砲門をすべて陸地へ向けるなど、戦争を辞さない覚悟を見せたこともあり、幕府は仕方なく国書を受け取り、「開港の有無は翌年改め

よくわかる！
日米和親条約と日米修好通商条約

1853年　ペリー来航（浦賀）

↓

1854年　日米和親条約（ペリー）

- アメリカ船への燃料、食糧の供給
- 下田、箱館の開港
- アメリカへの一方的な最恵国待遇の付与

→ 開港

↓

1858年　日米修好通商条約（ハリス）

- 自由貿易の開始
- 神奈川、長崎、新潟、兵庫の開港
- 江戸、大坂の開市
- 領事裁判権の承認
- 協定関税制度を設ける

→ 貿易開始

て返答する」としてペリーを退去させたのだった。

翌月、今度はロシア使節のプチャーチンが長崎に来航し、同じく開国と国境の確定を求めてきた。

まさに1853年は、幕府が外交の大転換を迫られた年となった。

翌年正月早々、ペリーが再来する。幕府の老中阿部正弘《あべまさひろ》は、「開港やむなし」と判断し、日米和親条約を結んで下田《しもだ》と箱館《はこだて》の港を開いた。こうして200年ぶりに新しい国家と外交関係を樹立したのだ。続けてイギリス、ロシア、オランダとも同様の条約を締結。1858年には、総領事として下田に着任したアメリカのハリスとの間で、日米修好通商条約を結び、翌年から列強諸国と交易を開始した。

しかし貿易が始まると、生糸や茶が大量に輸出されて品薄状態となり、連動して米穀など諸物価が暴騰していった。また、日本側に関税を決定する権利がなかったので、低い関税でイギリスなどから激安の綿織物などが大量に国内へ流入、綿作農家や綿織物業界は壊滅的打撃をこうむった。

このため、日本人の外国人に対する嫌悪感が急激に高まり、下級武士（志士）を中心に、「天皇を奉じて外国人を排斥《はいせき》しよう」という尊王攘夷《そんのうじょうい》運動が起こった。

軟弱な幕府を無視し、攘夷運動が激化

外国人を国内から排除する攘夷運動が発生したのは理解できるが、どうして政治的な権能を持たなかった天皇という伝統的権威が、運動にあたってその象徴として祀《まつ》り上げられたのだろうか？

それは、ひとえに孝明《こうめい》天皇の言動にあったといえる。朝廷が幕府から通商条約の勅許《ちょっきょ》を求められたさい、天皇は断固拒絶したのである。大の異人嫌いだったからだ。

しかし、この天皇の態度は、あっけなく開港を認めた将軍とは好対照をなしており、植民地への転落を危惧《きぐ》する先覚者たちにとっては、将軍よりはるかに担ぐ価値のある存在として映ったのだ。かくして志士たちは、軟弱な幕府の開国的な方針を無視して、外国人の襲撃を試みるなど、天皇の名のもとに過激な攘夷活動を展開していった。

このため大老の井伊直弼《いいなおすけ》は、幕政のあり方に反発する大名に加え、そうした尊攘派を激しく弾圧（安政《あんせい》の大獄《たいごく》）したが、1860年、怨《うら》みを買って水戸藩の浪士らによって暗殺されてしまった（桜田門外《さくらだもんがい》の変《へん》）。

幕府の大老があっけなく首をもがれたことで、尊攘派の勢力は大きく膨張し、長州《ちょうしゅう》系志士を中心とする尊攘派が朝廷を牛耳《ぎゅうじ》るようになった。彼らは、盛んに将軍の上洛と攘夷決行を幕府に迫り始める。1863年、その圧力に屈するかたちで14代将軍徳川家茂《とくがわいえもち》が229年ぶりに将軍として上洛して天皇に拝謁、その後、「文久3年5月10日をもって攘夷を決行せよ」という命令を諸大名に出さざるを得なくなった。つまりそこまで、幕府の権威は低下してしまったのである。

ただ、いくら和親条約や修好通商条約が押しつけられた不平等条約だからといって、これらを反古《ほご》にして列強を国内から追い払おうとするのは、国際社会では信義にもとる行為であり、現実的な解決手段とはいえなかった。しかも悲しいかな、強大な軍事力を有する列強に対し、そうした行為に及べば、逆に相手に絶好の侵略の口実を与えることになる。

このため、会津《あいづ》藩や薩摩《さつま》藩などの公武合体《こうぶがったい》派は、大いに危機感をつのらせた。公武合体派とは、朝廷と幕府が協力して国難にあたるべきだと考える穏健な一派だ。両藩は、孝明天皇の同意を得たうえで、1863年8月、クーデターを起こして朝廷から長州勢力を駆逐した。世にいう八月十八日の政変である。

これに激怒した長州藩は翌年、大軍で京都に乱入してきたが、かえって会津藩や薩摩藩のために撃退され、朝廷から朝敵とされ、幕府によって征討を受ける立場になった。

こうして藩境を征討軍に包囲された長州藩だが、同時期に藩領下関《しものせき》が列強諸国の四国艦隊の攻撃を受け、あっけなく砲台を占拠されてしまう。ここにおいて長州藩では保守派が政権を握ることになり、尊攘派三家老の首を差し出して征討軍に恭順したのである。このため征討軍は、戦わずして兵を引いたのだった。

大政奉還と新政府誕生の裏にあった秘話

だが、それからまもなく長州藩では藩士の高杉晋作《たかすぎしんさく》がクーデターを起こして政権を奪取する。これを知った幕府は長州再征を企《くわだ》てるが、薩摩藩などが強く反対、なかなか征討を実行に移すことができなかった。

薩摩藩が反対したのには理由がある。じつは、1863年に薩英戦争を経験して欧米列強の強さを認識するようになっていたのだ。とくに西郷隆盛《さいごうたかもり》や大久保利通《おおくぼとしみち》などは「幕府にかわって天皇を中心とする雄藩（強大な藩）連合政権を樹立しなくては、列強の餌食《えじき》になってしまう。さして大義名分もないのに、国内を疲弊させる内戦はすべきではない」と考えたのだ。

しかし、京都では主戦派の一橋慶喜《ひとつばしよしのぶ》や会津藩主・松平容保《まつだいらかたもり》らが積極的に朝廷に働きかけ、１８６５年９月、とうとう長州再征の勅許がおりてしまう。そこで１８６６年正月、薩摩藩は密《ひそ》かに長州藩を支援する約束をかわした。世にいう薩長同盟（連合）である。

これを知らぬ幕府は、紀州《きしゅう》藩主徳川茂承《もちつぐ》を征討軍のリーダーとし、同年６月、征討軍を長州へと派遣した。この第二次長州征討では、薩摩藩が背後から長州藩を支援、士気の高い洋式歩兵を有する長州軍は、各地で征討軍を撃破し、事実上、征討軍は敗北してしまう。

そこで幕府は、大坂城で将軍家茂が逝去したことを口実に、「将軍の喪に服す」と称して勝手に撤兵する。だが、幕府の敗北は公然の事実であり、これにより、倒幕の気運が一気に高まっていった。

その後、15代将軍になった一橋（徳川）慶喜は、フランスの支援を得て猛烈な軍制改革をおこなったが、まもなく政権の維持は困難と判断、１８６７年10月、土佐《とさ》藩の献策を受け入れて朝廷へ政権を返還（大政奉還）した。これにより幕府は消滅してしまい、薩長ら倒幕派は倒すべきものが存在しなくなったので、気勢を削がれた。

もともと薩摩藩は、天皇を中心とする雄藩連合政権を考えていたのだから、幕府が消滅した今、徳川家も含めてその実現に向けて動くべきだったが、そうはしなかった。

同年12月9日、薩長倒幕派は朝廷を動かして明治天皇に王政復古の大号令（新政権樹立宣言）を出させ、同日夜の小御所会議で穏健派（公議政体派）の土佐藩などの反対を押し切り、強引に前将軍慶喜の辞官納地《じかんのうち》（官職の剝奪《はくだつ》と領地の一部没収）を決定した。そう、わざと旧幕府（徳川）方の暴発を誘ったのだ。

列強につけいる口実を与える内戦は避けるべきなのに、薩長があえてそれをしなかったのは、やはり関ヶ原《せきがはら》合戦での怨《うら》みがあったからだろう。徳川家が弱体化した現在、積年の怨みを晴らしたいという思いが優先したのである。政治というのはしばしば冷静さを失い、このように権力を握った勢力の感情で進んでいくことを我々は知っておくべきだろう。

しかし徳川慶喜は、倒幕派の挑発に応じず、京都の二条城から大坂城へ兵を撤収させ、傍観の姿勢をとった。すると新政府内では、内戦を危惧した越前《えちぜん》藩や土佐藩など穏健派（公議政体派）が、薩長倒幕派から実権を奪う政変が起こり、意外にも、最大の大名である徳川慶喜を新政府の盟主に迎えることがほぼ決まったのである。

しかし、それが実現しかけたとき、予想外の事態が発生する。

薩摩の西郷隆盛らが江戸へ派遣した浪人たちが、目に余る乱暴を働いたので、佐幕派の武士たちが堪えきれなくなり、ついに三田《みた》の薩摩藩邸を焼打ちしてしまう。すると、この報に接した大坂城の旧幕臣たちは「薩摩を討て！」と叫びだし、部下を抑えきれなくなった慶喜は、とうとう京都への進撃を許可してしまったのである。

こうして京都の入口である鳥羽《とば》と伏見《ふしみ》において、旧幕府軍は、新政府（薩長）軍と軍事衝突（鳥羽・伏見の戦い）してしまった。旧幕府軍は薩長軍の三倍の勢力だったにもかかわらず、大敗を喫してしまう。慶喜はこれを知ると、味方の兵を見捨てて大坂城から敵前逃亡し、江戸に戻って新政府に恭順の意をあらわした。

一方、新政府は征討軍を江戸へ向けて進発させ、諸藩も続々と征討軍に投じていった。こうして1868年3月に江戸を包囲した征討軍だったが、慶喜から全権を委任された勝《かつ》海舟《かいしゅう》が新政府軍の実力者西郷隆盛と会談し、江戸の無血開城を条件に総攻撃を中止させたのである。

会津戦争の「歴史レジェンド」から考える中韓の反日感情

新政府軍は、薩長土肥《さっちょうどひ》を中核とする西国諸藩の寄せ集め部隊であった。古来、戦《いくさ》に参加したからには、褒賞（ご褒美）を与えるのが主宰者の義務であった。当然、今回も、新政府方に投じた兵士たちはそれを求めていたろうし、新政府としても江戸の総攻撃を中止したことで、新政府の軍事的威信を世人に見せつける別の舞台が必要となった。

そこで新政府の首脳たちは、これまで志士たちを弾圧してきた京都守護職の松平容保（会津藩主）をスケープゴートに選んだ。容保は新政府に対して恭順の姿勢をとっていたが、新政府はそれを許さず、征討の準備を進め、東北諸藩に会津を討つよう厳命した。だが、東北地方の多くの藩はその命令に従わず、奥羽越列藩同盟《おううえつれっぱんどうめい》を結んで新政府に抗する姿勢を見せたため、東北各地で戦いがはじまった。しかし、新政府に抵抗した東北諸藩はすべて敗れ、同年9月、会津藩も1ヵ月の籠城のすえ、若松城を開城して降伏した。

戦後、新政府は、会津藩士の遺体を埋葬することを禁じたという。こうしたむごい措置や、掠奪《りゃくだつ》の限りを尽くした新政府兵の所業は、会津藩士のはなはだ憎むところとなり、

10年後（1877年）に薩摩の西郷隆盛が反乱（西南戦争・後に詳述する）を起こすと、旧会津藩士の多くが志願して政府軍に入り、復讐のために鹿児島県士族と戈《ほこ》をまじえた。だが、それからも会津の人びとの薩長への憎しみは変わることがなかった。

都市伝説として、観光客が鹿児島県や山口県から来たことがわかると、会津のタクシー運転手は、彼らの乗車を拒否するという話がある。さすがにそれは本当ではないと思うが、1986年、山口県萩《はぎ》市が会津若松市に「友好都市の提携を結びたい」と和解の働きかけをしたさい、会津若松市は「まだ120年しか経っていないから、和解は時期尚早だ」と申し出を拒絶したのは事実だ。ただ、2011年4月、東日本大震災で被害をうけた会津若松市に対し山口県萩市が義援金と支援物資を送ったときは、快《こころよ》く受け取っているので、今後和解が進むかもしれない。いずれにせよ、会津戦争から150年が経つというのに、まだ交戦藩のあいだでわだかまりが残っているのだ。ならば、わずか70年しか経っていない先の大戦や植民地経営について、中国や韓国が日本に憎しみを持ち続けるのは当然ではないか。まずは、私たちはそうした感情を理解する必要があるだろう。

さらにいえば、戦争体験は、教育や語り継ぎによって、地域や国家にとっての真実になるということを思い知るべきだ。あえてこれを私は「歴史レジェンド」と呼びたい。

よくわかる！　戊辰戦争の流れ

10～69/5月

5　五稜郭の戦い

旧幕府軍をひきいた榎本武揚らが蝦夷地で政権を樹立するが箱館の五稜郭の戦いで政府軍に敗れる。土方歳三戦死。戊辰戦争は終結。

5月

奥羽越列藩同盟の結成

仙台・米沢など奥羽諸藩は会津藩の赦免を願うが、拒否されると北越6藩を加え31藩の同盟を組織し新政府に抵抗。

5～7月

3　長岡城の戦い

長岡藩家老河井継之助は中立を拒否されたため政府軍に抵抗し、一旦は政府軍を撃退したが7月に敗北。

8～9月

4　会津の戦い

藩主松平容保は恭順の意を表したが、新政府軍と戦争となる。少年藩士の白虎隊も参戦するが、9月に若松城は落城。

5月

2　彰義隊の戦い

旧幕臣らが彰義隊を結成、江戸城開城後に上野寛永寺にこもるが、新政府の大村益次郎指揮の総攻撃で壊滅。

1月

1　鳥羽・伏見の戦い

慶喜の辞官・納地の決定に怒った幕府軍1万5,000が京都に攻め入ろうとして薩長軍5,000と激突、薩長軍が勝利した。

3月

偽官軍事件

相良総三は新政府軍の先鋒隊・赤報隊のリーダーとして、年貢半減を掲げて民衆の支持をとりつけたが財源に困窮していた政府は相良を「偽官軍」として処刑。

よく考えてみれば、幕末当時の会津藩士は、家族を含めても2万人でしかない。藩の領民たちはその10倍以上はいたはず。では、会津戦争のとき、絶対的多数派の領民たちは自藩を守るため、藩士と協力して新政府軍に敢然と立ち向かったのだろうか？

答えは「否」である。

当時、重税を課せられ苦しんでいた会津の農民たちは、若松城下が総攻撃を受け会津若松城内に砲弾が降り注ぐなか、それを支援するどころか、傍観していたとされる。一説には、山の上にのぼって弁当を食いながら、戦いを見物していたという話さえある。

さらに戦後は、藩の苛政《かせい》に対する不満が噴出し、会津地方では大規模な世直し一揆が発生している。つまり、会津の領民の多くは、藩に怨みこそあるものの、恩義などはさして感じていなかったらしい。

戦後、領地を没収された会津藩士たちは現在の青森県内に3万石をもらい、そちらに移住して藩（斗南《となみ》藩）を再興する。だから廃藩置県後、旧会津藩領に戻った藩士は、半分の1万人程度に過ぎなかったとされる。つまり、確かなことはいえないが、会津領の中心だった会津若松市に住む市民のうち、現在、藩士の子孫の割合は3分の1にも満たないはずだ。しかしながら、友好都市の提携を拒否したことでわかるように、住民の過半が薩長など新政府方に対して良い印象を持っていない。

いったいなぜか？

それは、学校での郷土教育やマスメディアの影響などによって、会津若松市民の多くが幕末の会津藩にシンパシーを抱くようになったからだと思われる。本来なら、藩士より領民の子孫のほうが圧倒的に人数は多いわけだから、もしも当時の領民感情が正確に反映されているならば、むしろ会津若松市民の多くは、新政府軍を解放軍として好印象をいだいてもおかしくないはず。つまり教育による「歴史レジェンド」が構築されているのだ。

これは、中国、韓国、北朝鮮についての反日にも同様のことがいえるだろう。

三国は、先の大戦における日本軍の蛮行や差別的な植民地経営をことさら戦後教育で浸透させ、マスメディアもそれを大きく扱うため、完全に悪しき日本のイメージが確立され、拡大再生産されてしまっている現状があるのだ。

では、そうした国々の認識を変えさせるにはどうしたらよいのか。それについては本書の重要なテーマでもあり、日本の将来にとって大切な課題でもあるから、追々詳しく語ろうと思う。

翌1869年5月、新政府軍は雪解けをまって、箱館五稜郭《ごりようかく》を拠点に蝦夷《えぞ》地を制圧した旧幕府軍に総攻撃をおこない、これを降伏させた。こうして、新政府の日本統一は完了する。鳥羽・伏見の戦いから箱館戦争までの1年半の戦いを戊辰《ぼしん》戦争と呼ぶ。

2

『学問のすゝめ』はなぜ空前のベストセラーになったのか？

——近代国家の誕生

真逆の内容だった「五箇条の御誓文」と「五榜の掲示」

戊辰戦争の最中の1868年3月14日、新政府は五箇条《ごかじょう》の御誓文《ごせいもん》とよばれる政府の基本方針を発表する。これは、明治天皇が諸侯諸臣を率いて祖霊に誓うという不思議な形式をとったが、その内容は「広く会議を開いて、すべてを公論によって決めます」、「人びとがそれぞれ志《こころざし》をとげられるような国づくりをめざします」、「これまでの攘夷思想を改めます」、「知識を世界に求めます」というように、「公議世論の尊重」と「開国和親」を主唱とする開明的なものだった。

ただ、よく考えてみれば、開国和親の方針は、そもそも江戸幕府が掲げた外交方針であった。しかも最後の将軍徳川慶喜は、フランスの郡県制の導入を考え、幕府の職制についても内閣制度に近いものに改変していた。歴史に「もし」はないというが、万が一、戊辰戦争で幕府方が勝利し、徳川が政権を握り続けたとしても、列強諸国の外圧のもと、結局日本は同じような近代化の道を歩んでいったのは間違いないだろう。

また、攘夷を叫んでいた志士たちがつくった新政府が、180度主張を変えて開国をとなえるなど、節操がないと思うだろう。が、歴史的に見れば、そんなことは日常茶飯事であり、国家の方針なんて時代の流れや勢いであっけなく変わるものなのである。当時の国際化のなかで、攘夷をとなえて列強諸国を拒否することが許される時代ではなくなっていたのだ。こうして攘夷から開国和親へ鮮やかに転身した新政府だったが、民に対する姿勢は変えようとしなかった。

五箇条の御誓文の翌日、五榜《ごぼう》の掲示《けいじ》が出された。これは、庶民に向けて出された規則だが、高札《こうさつ》という江戸時代と同じ形式で全国に掲げられた。その内容も儒教道徳の遵守、徒党・強訴《ごうそ》の禁止など、幕府同様の統治方針を示しており、驚くべきは、邪教としてキリスト教もそのまま厳禁したことである。

五箇条の御誓文とは真逆の内容だ。

つまり、外国や諸侯に対しては開明的な方針を掲げながら、国民統治の方針は江戸幕府と何ら変わっていなかったことがわかる。ただ、キリスト教の禁止については諸外国が強く抗議したこともあり、1873年に高札からその文言が外され、黙認されるかたちになった。これもまた時勢のなせる業《わざ》だろう。

新政府はまた、アメリカの憲法を参考にして政体書を公布し、政治制度を整えた。政府の権力を太政官に集中させ、これを行政（行政・神祇《じんぎ》・会計・軍務・外国）、立法（議政官）、司法（刑法官）という三権に分けたのである。「自由の国」アメリカの制度を模倣するなんて新政府もずいぶんと思い切ったものだが、やはりこの制度は日本になじまなかったようで、すぐに改変されることになった。

王政復古の大号令によって新政府は京都に樹立されたが、政府の実力者大久保利通は、1868年正月、「首都を大阪へ移すべきだ」と新政府の総裁・有栖川宮熾仁親王《ありすがわのみやたるひとしんのう》に建白している。しかし、京都にこだわる公家や諸藩の反対によって、この構想は実現しなかった。

そこで大久保は、長州の木戸孝允《きどたかよし》、公家の岩倉具視《いわくらともみ》らと結んで、明治天皇が関東へ自ら東征するという名目で、同年九月に京都を出立させた。翌月、東京と改名されたばかりの江戸に着いた天皇は、江戸城に入った。江戸城は東京城と改名され、そのまま天皇の居所（皇居）となって現在に至るのである。また、天皇一代の間に元号は一つという一世一元の制が定められ、新たに明治という元号が定められた。

こうして新政府の体制が戊辰戦争中に着々と整っていった印象を受けるが、じつは新政府は大きな問題を抱えていた。国内には270近い藩が相変わらず存在し、それぞれが軍事力を持つ小国家として独自の政治をおこなっていたことだ。まさに超地方分権型国家といえよう。この藩というものを解体して中央政府に政治権力を集中させなければ、欧米列強と同じような近代国家に転身できない。

長州出身の木戸孝允などは早急に藩を廃するべきだと考えていたが、実際に取りつぶすというのは不可能に近かった。だから新政府はまず、戊辰戦争後の1869年、諸藩に版籍奉還《はんせきほうかん》を命じた。朝廷に領土（版）と人民（籍）を返還させる政策だが、しかしそれはあくまで形式的なものであった。版籍を返した旧藩主（大名）はすべて、新政府から知藩事という職に任命され、旧領の支配を続けることになったからである。

とはいえ、版籍奉還によって大名は知藩事という新政府の役人という扱いになり、その職は世襲できないものとされた。藩も中央政府の地方組織に位置づけられ、知藩事の給与は藩の収入の1割を新政府から給付されるかたちをとった。

なお、こうした新政府の政策が進むなかで、体力のない中小藩のなかには自ら廃藩を願い出て自主的に解体するところも現れはじめた。大藩においても熊本藩の細川護久《ほそかわもりひさ》、鳥取藩の池田慶徳《いけだよしのり》、徳島藩の蜂須賀茂韶《はちすかもちあき》、尾張藩などが廃藩に前向きだった。しかしその一方で、版籍奉還を機に薩摩藩、長州藩、紀州藩などは抜本的な藩政改革を断行していった。

とくに新政府にとって脅威だったのが、大藩の軍事改革であった。

廃藩置県は一か八かの賭けだった

まことに驚くべきことだが、明治2年後半から3年にかけて、新政府はほとんど軍事力というものを持たなかった。ただ、よく考えたらわかること。戊辰戦争で戦ったのは諸藩の兵である。つまり戦争が終結すれば、当然彼らは国元へ戻ってしまうわけだ。

そのうえ大藩は猛然と軍事改革をおこなうようになっていた。

たとえば紀州藩は、第二次長州征討の将となったことで新政府からうとまれていたが、知藩事の徳川茂承は津田出《つだいずる》を登用し、抜本的な改革を断行させていた。

津田は、550石以上の藩士の家禄を従来の10分の1とし、550石未満25石以上はたった50俵としたのである。すさまじい給与のフラット化だ。こうして浮いた予算の大半を軍事部門に投入した。津田は軍事を統括する軍務局を創設し、そのもとに陸軍・海軍・演武所を設置した。陸軍は常備軍四大隊と交代兵二大隊で構成した。常備大隊は正規の藩士を主体にしたが、交代兵のほうは満20歳以上の庶民（農工商）の独身男子をあてることにし、領民から志願兵を募ったのである。

兵制は、プロシア（ドイツ）式を採用した。プロシアは新興国だったが、当時、オーストリア軍を戦いで打ち破るなど、日の出のような勢いを見せていたからだ。津田は、紀州出身の新政府の高官・陸奥宗光《むつむねみつ》を通じてプロシアの陸軍士官カール・カッペンを軍事顧問に招き、同時にプロシアの最新式の元込銃を大量に発注した。

やがて津田は、軍務局を廃止して戍営《じゅえい》を設け、自ら戍営都督《ととく》（長官）の地位につき、常備軍四大隊をプロシア式の常備戍兵三大隊に再編した。明治3年正月には「兵賦略則《へいふりゃくそく》」を発布し、紀州藩の正規軍を解体して、兵役に耐えられる成人男子をすべて兵とすることにしたのである。明治政府が徴兵制を採用するのは3年後のことであり、まさに紀州藩の兵制は画期的であった。

「兵賦略則」によれば、各郡の民政局（旧代官所）に徴兵使が出向き、士農工商の別なくすべての成人（20歳以上）を集めて徴兵検査をおこない、合格者の中から3年間の兵役に服させるとしている。兵役後も8年間は予備兵、補欠兵として、戦争への参加が義務づけられた。もともと紀州藩の正規軍は３０００人程度であったが、この改革により、常備軍

7000、予備・補欠兵を含めるとおよそ1万4000になった。つまり、一気に兵力が5倍近くに増えたわけだ。さらに和歌山城の南に士官養成学校である兵学寮が設置された。

紀州軍はまた、最新式のツナンドル銃を装備した歩兵のほか、砲兵・騎兵・工科隊・輜《し》重《ちょう》隊を創設し、プロシアの陸軍士官から徹底的な訓練を受けさせた。たぶん新政府軍がこの紀州軍と戦っても、勝ち目はなかったろう。

こうした軍事改革は、大藩の多くでおこなわれた。

「軍事力を持たぬ新政府ゆえ、いつ反乱が起こって崩壊《ほうかい》してもおかしくない。そのさいは我々が主導権を握るのだ」

そんなふうに、第二の戊辰戦争を予期する藩も少なくなかった。

こうしたなかで新政府の木戸孝允一派は、「このまま政府が崩壊するのを待つより、どうせなら大英断によって一気に藩をつぶし、それが失敗に終わって瓦解するほうがよい」と悲壮な決意をした。

かくして木戸は、部下の山県有朋《やまがたありとも》を通じて、薩摩の西郷隆盛に協力を依頼する。西郷は明治維新最大の功労者であったが、当時、新政府に愛想を尽かして鹿児島に帰って藩政改革に力を尽くしていた。周知のように西郷は、薩摩藩において藩士たちから絶大な信頼を集めていた。そんな西郷は、意外にもこの依頼をすんなり了承したのだった。廃藩は時代の流れだと認識していたのだろう。もちろん大久保利通も賛成した。これによって、事態はにわかに進展する。

これより前、西郷は鹿児島から兵を率いて上京していた。木戸も自ら長州へ出向いて兵を引き連れて東京に来る。また、板垣退助《いたがきたいすけ》率いる土佐軍も到着。こうして薩・長・土3藩からなる約8000の兵力が東京にいたのである。新政府はこれを御親兵《ごしんぺい》と名付け、この武力を背景として木戸らは1871年7月14日、知藩事を一堂に皇居に集め、明治天皇から廃藩を宣言してもらったのである。

これにより藩はにわかに消滅し、新たに設置された県には中央から政府の役人（県令）が派遣されることになった。こうして新政府は政治的な統一に成功したのである。政府の中枢にいた三条実美《さんじょうさねとみ》と岩倉具視も、廃藩置県の断行を知らされたのは2日前だったというから、まさに廃藩置県は木戸らの一か八かのクーデターだったのである。

岩倉使節団の居ぬ間に留守政府が改革を断行

廃藩置県を成し遂げた新政府だったが、それからわずか2年後、政府内で政争が起こり、政府の高官の多くが下野するという大事件が起こってしまう。そのきっかけになったのが、征韓論争であった。

現在の日本の外交がアメリカ一辺倒であることは、誰もが認めるところであろう。とくに大国である対中国、対ロシア外交は、まったくもってアメリカの言いなりにしか見えない。もちろん、アメリカもそうなることを日本に強く期待しているわけだ。もし独自外交などを標榜し、アメリカの方針と反対のことをしようものなら、かつての民主党政権のように、あっという間につぶされてしまうだろう。今のトランプ政権なら日本に駐留しているアメリカ軍さえ動かす可能性もある。悲しいかな、それがニッポンの現状であり、そういった意味では、日本が真の独立国であるかは正直疑わしい。ただ、アメリカの核の傘の下に入り、アメリカの支援で戦後の日本が経済的な繁栄を誇ってきたのは事実であり、中国やロシアという軍事大国が隣国にある限り、この構図は変わらないだろう。

特命全権岩倉使節一行、左より木戸孝允、山口尚芳、岩倉具視、伊藤博文、大久保利通（山口県文書館・毛利家文庫）

では、明治時代の外交はどうだったのか。

当時、日本外交方針は、次の二つに集約されていたといえる。

☆欧米に対し不平等条約を解消させ、同じ立場にたつこと。

☆中国・朝鮮に対し、欧米列強と同じ立場にたつこと。

1871年、廃藩置県によって新政府が政治的な統一を達成すると、右大臣の岩倉具視を特命全権大使、大蔵卿の大久保利通、参議（政府の閣僚）の木戸孝允らを副使とする総勢100名近く（随員、留学生を含む）におよぶ使節団が組織され、欧米に派遣されることになった。

その目的は、かの地の進んだ文物を実際に見聞すること、そして不平等条約の改正（平等条約の締結）を求めることにあった。

それにしても、よく考えてみてほしい。

新政権ができたばかりで、最高首脳部の半数を長期にわたって国外へ派遣しようというのである。明治の人々は何という思い切った決断をしたのだろう。

太政大臣三条実美は、使節団に対する送別の辞で「日本の外交や内治が成功するかどうかは、すべてこの挙にかかっている」と述べている。このように、当時においても岩倉使節団の派遣が、国家の浮沈を左右する大事業と認識されていたことがわかる。まさに、大英断だったわけだ。こうした決断を下した明治のリーダーたちに、今の私たちは見習うべきだろう。

さて、そんな使節団の留守を守ったのは、参議の西郷隆盛、大隈重信《おおくましげのぶ》、板垣退助らであった。この留守政府は、あらかじめ使節団として赴《おもむ》く政府高官との間で「使節団が戻るまでは極力、新しい政策はおこなわない」という取り決めをしていた。

ところが、である。

そうした約束を反故《ほご》にして、留守政府は、地租改正、徴兵令、学制と次々と大規模な制度改革を断行していったのである。

さらに1873年4月になると、あらたに参議として土佐の後藤象二郎《ごとうしょうじろう》、土佐の大木《おおき》喬任《たかとう》、肥前の江藤新平《えとうしんぺい》を迎え入れた。この結果、政府の参議は薩摩1、長州1に対して土佐2、肥前3となり、薩長勢力がにわかに後退してしまったのである。

征韓論で真っ二つに分裂してしまった新政府

岩倉使節団のメンバーに最も衝撃を与えたのは、留守政府が朝鮮と本気で戦争をはじめようとしたことであった。しかし、これには事情があった。

廃藩置県後、士族（元武士）の多くは、新政府に対して大いに不満を募らせるようになっていた。次々と自分たちの特権が失われていったからだ。

新政府の四民（士農工商）平等政策によって、農民や町人は武士と対等の立場になった。さらに廃藩で主家を失った武士だが、国民皆兵《こくみんかいへい》の方針によって庶民も兵士になることが決まり、戦士としての専権も奪われてしまう。まさに、プライドを大きく傷つけられたわけだ。

西郷隆盛は、こうした士族の不満が国家に対する反乱に発展することを非常に心配した。

軽輩を含めたら士族は全国に200万近くいる。彼らの一部が叛旗を翻《ひるがえ》したら、連鎖的に各地で士族の蜂起がはじまり、新政府などたちまちにして瓦解《がかい》してしまうだろう。

そこで留守政府は、士族の不満を外にそらすことを考えたのである。それが、日朝戦争であった。

当時、新政府は国を鎖《とざ》している朝鮮政府に対し、たびたび開国を求めていた。けれど朝鮮は応じようとせず、日朝関係は急激に悪化しつつあった。そこで西郷らは、強引に朝鮮との戦争を勃発させ、その戦いに士族を投入しようと動きはじめたのだ。

具体的には、西郷自身が全権大使として朝鮮へ赴き、そこで相手政府に強引に開国を迫り、それでも応じなければ、これを名目に半島へ軍隊を送ろうと考えたのだ。場合によっては、激怒した朝鮮人に殺されてもかまわないと思っていた節もある。

国内の不満を対外戦争によって外にそらすというのは、国家としての常套《じょうとう》手段であり、それは現在でも変わっていない。

板垣や江藤新平、後藤象二郎なども西郷の遣使に賛成、西郷は太政大臣の三条に許可を求めた。けれども三条は、「岩倉使節団の帰国を待つべきだ」と留守政府の参議たちを諭《さと》した。

まもなく、使節団の面々が続々と帰国してきた。かくして閣議が開かれ、大久保利通、岩倉具視、木戸孝允らは、「今は戦争をしている場合ではなく、富国強兵など内政に力を注ぐべきだ」と征韓論に強く反対した。こうして閣議は大荒れになったが、三条はまもなく西郷の勢いに屈して、彼の朝鮮への遣使を認めてしまう。すると、どうだろう。怒った大久保が参議を辞任してしまったのである。

いっぽう大久保とともに使節団の副使をつとめた木戸孝允（長州のリーダー）は帰国以来、病気を理由に閣議に出席していなかったが、大久保の辞職を知ると、これまた参議を辞任してしまう。

この事態に驚いた三条は、西郷のところへ自ら出向いて「朝鮮への遣使を取り消してもよいか」と打診する。ところが、西郷はこれを一喝したのである。そこですごすご引き返した三条だったが、板挟みのなかで精神的に参ってしまい、自宅で昏倒《こんとう》して政務不能な状況に陥ってしまった。

そんな三条にかわって、政務を代行したのが、内治優先派の右大臣岩倉具視であった。岩倉はただちに明治天皇に西郷の遣使中止を具申し、天皇はこれを容認した。こうして征韓派参議は政争に敗れ、西郷、板垣、江藤らは政府を下野《げや》したのである。この事変を明治六年の政変というが、これにより、政府は真っ二つに分裂してしまった。

このおり、西郷を慕った鹿児島県士族の多くが、政府の役人や軍人を辞めて続々と鹿児島へ帰っていった。

身分制度撤廃は社会秩序を根本から変える大改革だった

廃藩置県で政治統一をなしとげた新政府は、短期間で欧米のような近代国家に転身すべく、すさまじい勢いで次々と改革を断行していった。

なかでも、はるか古代から続いてきた身分制度を撤廃し、すべての人びとを対等だとしたこと（四民平等）は、いくら欧米にならったといっても、これまでの社会秩序を根本的にひっくり返す大変革だといえた。こうして近代的な「国民」というものが創出されることになった。

さらに「国民」を育成する一環として政府は、1872年に学制を発布し、住人の負担で地域ごとに小学校をつくらせ、その学校に子弟を通わせることを強制する（国民皆学）。

江戸時代までの日本は、270もの藩（小国家）が寄り集まった超地方分権型社会だった。江戸時代人が「お国」といえば、それは日本国のことではなく、自分の所属している藩や郷里をさした。また、当時の藩は、政治だけでなく、教育も独自におこなっていた。

ところがペリーが来航し、列強が日本の独立をおびやかすようになったことで、「お国（土佐藩）のような所にて何の志もなき所にぐずぐずして日を送るは、実に大馬鹿ものなり」と述べる坂本《さかもと》龍馬《りょうま》のような、藩の枠組みを超えて日本全体を考える志士が現れはじめた。外圧がもたらした、日本列島に住む人々の大きな意識の変化であった。

いずれにせよ、そんな志士たちが作り上げた新政府ゆえ、小学校における一律の近代教育によって、短期間で「日本国民」というものを作り上げようとしたのだろう。

ただ、学校の設置・維持費だけでなく、教員の給与も住人の負担であった。そのうえ、労働力であった6歳以上の子どもを、わざわざ授業料を払って学校に通わせなくてはいけないわけだから、当然、人びとの反発は強く、各地で学制反対一揆が起こった。

しかし、まもなくすると小学校は地元に定着していき、およそ30年でほとんどの子どもが通学するようになった。

いったい、それはなぜか？

その理由の一つはやはり、身分制度が撤廃され、どんな人間でも立身出世できる世の中になったことが大きいと思う。たとえ極貧の家に生まれても、小学校に通って優秀な成績をとれば、将来への展望が開けるようになったのだ。

たとえば、教員になるための師範学校、職業軍人になるための陸軍士官学校は授業料が無料なうえ、寮まで完備されていた。だから学校の成績が優秀であれば、師範学校や陸軍士官学校に行くこともでき、両校を卒業すれば、教員や職業軍人といった、今で言う公務員になれたのである。教員は薄給であったが、身分は安泰だ。

さらに頭脳明晰《めいせき》ならば、師範学校から高等師範学校を経て大学へ入って学者や高級官僚になる道も開かれた。また、頭脳に加え体も頑丈であれば、陸軍士官学校から陸軍大学校を経て、将官に栄達して軍の中枢へ入る道も用意された。こんなことは、日本史はじまって以来のことといえた。だからこそ、教育熱が高まったのである。

累計300万部のベストセラー、『学問のすゝめ』

福沢諭吉《ふくざわゆきち》の『学問のすゝめ』がベストセラーになったのも、そのことと関係があるだろう。

諭吉は言う。「天は人の上に人を造らず。人の下に人を造らずと言えり」と。なのにどうして、貧富の差や地位の差など雲泥の違いが出来てしまうのか。

「それは、学問をしたか、しないかの差だ」そう明確に断じた。

生まれながらにして貴賤貧富《きせんひんぷ》の区別などないのだ。「ただ学問を勤めて物事をよく知る者は貴人となり、無学なる者は貧人となり下人となるなり」（『学問のすゝめ』）

この言葉は、明治の青年たちに強い感銘を与え、『学問のすゝめ』（17編）の売り上げの累計は300万部をほこり、貸本や写本によって多くの人びとに読まれ、絶大な影響を与えることになった。

「ただし」、と諭吉は釘をさす。

学問を身につけることは、一身の栄達のためではない。独立のためだ。一身の独立は家の独立につながり、それが、国家の独立につながるのだと……。

諭吉の願いは、日本人が国家の独立を守ることにあった。彼は何度も欧米を見聞しており、帝国主義国家の本質をはっきりと見抜いていた。だからこそ日本国民は一丸となって、列強の脅威をはねのけ、国家の独立を保つべきなのだ。しかし「独立の気力なき者は、国を思うこと深切《しんせつ》なら」ない。ゆえに「外国に対して我国を守らんには、自由独立の気風を全国に充満せしめ、国中の人々貴賤上下の別なく、その国を自分の身の上に引き受け、智者も愚者も」「各々《おのおの》その国人たるの分を尽」（『前掲書』）すしか方法はないのだ。そうした気概を持っていれば「世界中を敵するも恐るるに足らず」「日本国中の人民一人も残らず命を捨てて国の威光を落と」すことはないのだ。そう述べる。

では、一身の独立とは何か。

それは「自分にて自分の身を支配し、他に依《よ》りすがる心なくを言う。自ら物事の理非を弁別して処置を誤ることなき者は、他人の智恵に依らざる独立なり」だと諭吉は言う。

さらに、こうも警告する。

「独立の気力なき者は必ず人に依頼す、人に依頼する者は必ず人を恐る、人を恐れる者は必ず人に諂《へつら》うものなり。常に人を恐れ人に諂う者は次第にこれに慣れ、その面の皮鉄の如くなりて、恥ずべきを恥じず、論ずべきを論ぜず」「立てと言えば立ち、舞えと言えば舞い、その柔順なること家に飼いたる痩犬《やせいぬ》の如し、実に無気無力の鉄面皮と言うべし」（『前掲書』）

この諭吉の主張を読んで、140年前の青年たちは奮い立ったわけだが、現代の私たちが読んでも考えさせられたり、学ぶことは多いと思う。中国が強大化し、ロシアや韓国との関係が危うくなっている現在、もう一度、私たちは「独立」ということについて、よく考えてもよいのではなかろうか——。

3

ブラック企業はいつから存在するのか？

――近代産業と欧米思想の移植

わずか数年でインフラを整備した理由

列強の植民地に転落しないために、短期間で「富国強兵」を達成する。それが、明治政府の最重要課題であり、悲願だった。

何度もいうが、イギリス、フランス、ロシア、ドイツなど強大な帝国主義国家が虎視《こし》眈々《たんたん》と東アジアを植民地にしようと狙っていたのが、この時代の国際情勢だった。当時の日本の為政者たちの切迫感は、到底、今の私たちには理解できないだろう。

いずれにせよ、明治政府は短い間で近代産業を国内に根付かせて経済力を培《つちか》い、そこから吸い上げた財源をもとに、強大な軍事力を創出して列強諸国に対抗しようとした。

そのために政府はまず、税制度の大改革に着手しなくてはならなかった。

江戸幕府や諸藩は、農民からの年貢を主たる財源としてきた。しかし毎年の作物の収穫量は気候に大きく左右され、凶作の年には収入が激減してしまう。これでは、計画的な予算執行などできるはずもない。

そこで、土地に税をかけることにしたのだ。

よくわかる！　地租改正

ねらい

政府の財源安定

準備段階

- 田畑勝手作を許可（1871）
- 田畑永代売買の禁を解除（1872）
- 地価を定めて、年貢負担者に地券を発行（1872〜）

地租改正条例公布（1873年7月）

- 土地所有者は地価の3%を地租として、
  毎年政府へ金納する。物納から金納になり
  徴収方法は全国一律

結　果

- 近代的統一税制の確立
- 年貢と重さは変わらなかったので、
  地租改正反対一揆が発生
  →1877年、政府は地租を3%から
  2.5%へ変更

土地の所有者（農村の場合、年貢負担者）に地券と称する土地の権利書を発行し、地価の3％を税として金納させる制度に改正した。これを地租改正《ちそかいせい》と呼ぶ。当初、地租は国家の歳入の85％以上を占めることになった。やがて品物の製造や売買に税をかけるようになり、1887年に所得税が徴収されるようになって地租の割合は下がっていったが、地租という新たな税制によって、毎年安定的な収入が入ってくるようになり、政府財源の基礎がしっかりかたまったのである。

同時並行で政府は、富国の大前提になる殖産興業《しょくさんこうぎょう》に力を注いだ。欧米の近代産業をそのまま、短期間のうちに日本国内に移殖してしまおうというのだ。まずはその前提となるインフラの整備をはじめた。

1869年には東京―横浜間に電信線を通し、1871年には飛脚制度を廃止して全国一律の料金制をとる郵便制度を創設。翌1872年には新橋―横浜間にはじめて鉄道を開通させた。以後、電信、郵便、鉄道はわずか数年の間に急速に延伸していった。

また、殖産興業の一環として、政府は民間企業のモデルになる公設の最新工場を各地に設けていった。これを官営模範工場と呼ぶ。工場には、有能な外国人を高額で招いて、欧米の先進技術を知識人や技術者に習得させたのである。

その代表というべき工場が、1872年に開業した群馬県の富岡製糸場《とみおかせいしじょう》だろう。2014年、世界遺産に登録されたので、一気に知名度が高くなった。

この工場には、フランスの最新の機械類が設置され、フランスから技師や女工などが招かれた。

さらに政府は、三菱の岩崎弥太郎《いわさきやたろう》、渋沢栄一《しぶさわえいいち》など、特定商人（政商）に手厚い保護を与え、民間企業の育成を急いだのである。

産業革命は工女たちの犠牲のうえに

こうした政府の涙ぐましい努力によって、1880年代後半から綿糸や製糸などの軽工業分野で産業革命が起こった。産業革命を簡単に説明すると、機械技術の飛躍的進歩によって、安価な製品が大量につくられるようになり、大量消費の社会に転換することである。

日本は産業革命によって良質な綿糸や綿織物、生糸を大量に中国やアメリカなどに輸出できるようになっていった。日本製品が人気となったのは、もちろん質の良さだけではない。価格が激安だったからだ。安くつくることができたのは、労働者に払う賃金がべらぼうに安かったからである。

1880年代後半から日本の農村は、大量の若年労働者を近県の工場や都市へと送り出すようになった。その多くが未成年の少女だった。彼女たちは望んで労働者になったわけではない。国家の政策によって農家が壊滅的な打撃を受け、口減らしのため、あるいは命をつなぐため、親から身売り同然に家を出されたのである。

工女（女工）と呼ばれた彼女たちの多くは、製糸工場や紡績工場で毎日十数時間の単純労働にこきつかわれ、なかには結核などの病にかかって亡くなる女性も少なくなかった。与えられる賃金は小遣い程度、まさに雀の涙だった。

彼女たちをこうした状況に追い込んだのは、日本国であった。大蔵大臣・松方正義《まつかたまさよし》（薩摩閥）によるデフレーション政策（松方財政）の犠牲となったのだ。

1870年代、日本の財政は大隈重信（後の総理大臣）によってになわれてきた。大隈は積極財政を展開し、殖産興業のために莫大な金額を投下し、不換紙幣《ふかんしへい》（金・銀との交換を保証しない良くない紙幣）を乱発した。さらに1877年に西南戦争が起こると、戦費を

よくわかる！　日本の産業革命

第一次
日清戦争前後 軽工業中心

- 紡績業の発達→大阪紡績会社
- 製糸業の器械製糸による大量生産
- 鉄道のキロ数急増→日本鉄道会社

↓

第二次
日露戦争前後 重工業中心

- 官営八幡製鉄所の操業(1901)→軌道にのる
- 池貝鉄工所がアメリカ式の旋盤完成
- 日本製鋼所の設立(1907)
- 石炭生産の拡大
- 三菱長崎造船所が先進国並に

捻出するため、4000万円以上の政府紙幣を発行したのである。

こうして市場に不換紙幣があふれるようになると、当然、紙幣の価値は下落し、逆に物価が上がる激しいインフレーションが起こった。

このインフレが、政府の財政を苦しくした。当時、政府財源の大半は地租であったが、地租は金納（お金でおさめる）と決まっていたので、紙幣価値の下落によって実収入が激減してしまったのだ。

この状況を打開するため、1881年に大蔵卿（のち大臣）に就任した松方正義は、デフレーション政策をすすめた。強引に物価を下げて貨幣の価値を上げようとしたのだ。

そのやり方はすさまじいものであった。軍事費以外の予算を徹底的にカットして大幅に支出をおさえたうえで、たばこ税や酒税などの諸税を値上げしたり、新税をつくったりして、収入を増やしたのである。

こうして政府に集まってきた不換紙幣を、松方はどんどん処分してしまった。その結果、市場に流通する貨幣量が減り、紙幣の価値は大きく上昇していった。それを見計らい、1885年に日本銀行から銀兌《だ》換《かん》券（銀と交換できる兌換紙幣）を発行させ、松方は銀本位制度を確立、国家財政も見事に立ち直らせたのである。

ただ、それは、国民の犠牲のうえに立った財政再建であった。

松方デフレによって農作物の価格が下落したため、大幅な収入減となった農民たちは、その日の生活にも困るありさまとなった。当然、地租も払えなくなる。そこで仕方なく高利貸から借金をするが、馬鹿高い利子が雪だるま式に膨《ふく》らみ、最終的に担保に入れていた土地を手放さなくてはならなくなってゆく。その結果、自身は小作に転落、口減らしのために娘を身売り同然で工場へ働きに出さざるを得なくなったのである。

こうして安価な労働力が大量に創出され、このお陰で産業革命が起こり、資本主義が確立していったのである。

このように日本政府と日本の産業界は、国民の犠牲のうえに発展していったわけだ。

ただ、私たちはこれが130年前の話だと、笑って済ますことができるものだろうか。消費税のアップ、とめどなく増える国債の発行額、年金の減額――今の政府もどんどんと国民の負担を増やしていっている。派遣労働者が激増し、十数時間労働者をこき使うブラック企業も増えている。人手不足になった農業分野などでは、研修生という形で外国人をつれて来て、奴れいのように安い賃金でこき使っている。いっぽうで会社の払う法人税は安くなっている。まさに明治への逆戻りがはじまっているのではなかろうか。

大久保利通が仕掛けた西南戦争

明治政府は、幕末に活躍した志士たちが中心になってつくった近代国家である。ただ、1873年に征韓論をめぐって早くも分裂してしまったのはすでに述べたとおりだ。

このおり下野した板垣退助、後藤象二郎、江藤新平らは、翌年、建白書を政府へ提出する。そこには、大久保利通らの「有司」専制政治を強く非難し、「国会を開設して人民を政治に参加させよ」と書かれていた。

この民撰議院《みんせんぎいん》設立の建白書は、新聞に掲載されたことで、不平士族の間で大きな反響を呼んだ。そこで板垣らは高知県（土佐）にもどって仲間とともに立志社《りっししゃ》（政治団体）をつくり、欧米思想の研究や普及をはかった。

各地でも同じような結社（政社）がつくられていったので、1875年、大阪に各政社の代表が集まって、全国組織として愛国社が創設されたのである。彼らは政府の専制を批判し、憲法の制定と国会の開設を求めた。こうした参政権と権利の拡張を求める運動を自由民権運動と呼ぶ。

政府は、讒謗律《ざんぼうりつ》や新聞紙条例といった弾圧立法によって民権派の政府攻撃をおさえた。同時に大久保利通は、敵対する板垣退助と木戸孝允（台湾出兵に反対して下野していた）と会談（大阪会議）をおこなった。

会議では板垣と木戸の主張を入れ、「近い将来、憲法を制定して国会を開く」という明治天皇の約束（漸次《ぜんじ》立憲政体樹立の詔《みことのり》）が発せられ、その前段階として、立法機関の元老院、最上級の裁判所である大審院《だいしんいん》が設置された。また、民意を聞くという名目で府知事・県令による地方官会議が開かれることになった。

このため、板垣と木戸も納得して政府に復帰した。

大久保ら政府首脳が妥協したのにはワケがあった。

前年、江藤新平を首領とする大規模な不平士族の乱（佐賀の乱）が発生、また地租改正や学制、徴兵令に反対する一揆が各地で続発しはじめていた。さらに、政府を下野した西郷隆盛が私学校をつくり、西郷を慕ってやって来た多数の鹿児島県士族に軍事訓練をほどこしていた。鹿児島県令の大山綱良《おおやまつなよし》は大の西郷びいきで、私学校の運営費に県費を投じ、生徒たちの多くを県の職員として登用、政府の命令をほとんど聞かなくなっていた。まるで日本国のなかに、鹿児島国が存在するような状況になっていたのだ。もし西郷が蜂起したら、各地の不平士族も蜂起、それに呼応して国民も続々と立ち上がり、明治政府は崩壊してしまうだろう。ゆえに政府は、せめて土佐と長州のリーダー的存在であった板垣と木戸をこちら側に取り込もうとしたのである。

翌年の1876年、政府は国家予算の30%を占めていた士族の家禄（給与支給）を廃止した。また、刀を差して公道を歩くのは文明国ではないとして禁止（廃刀令）した。すると、神風連《じんぷうれん》の乱、秋月《あきづき》の乱、萩《はぎ》の乱と、不平士族の乱が続発していった。明治政府はこれを徴兵による農民兵で鎮圧することに成功した。

これによって自信を深めた大久保利通らは、いよいよ鹿児島の私学校勢力の制圧を画策、彼らを挑発し、翌年、ついに暴発させたのである。なお大久保は盟友の西郷は反乱にくみしないと信じていたが、結局首領にかつぎ上げられてしまった。

当初、西郷を首領とする鹿児島士族はすさまじい戦闘力を示したが、激戦のすえ、半年後に西郷が自刃して政府軍の勝利で戦いの幕を閉じた（西南戦争）。

近代思想の論理、赤穂浪士討ち入りを否定した福沢諭吉

西郷隆盛が1877年、西南戦争に敗れたことにより、政府を武力で倒すのは不可能になった。しかし、国民がそれで恐れをなして政府の横暴に対して沈黙したわけではない。今度は言論活動によって国民の権利を広げ、ついには藩閥政府を打倒しようという自由民権運動が復活したのである。

しかも戦後の自由民権運動は、豪農や一般農民たちも巻き込んでいった。とくに資産を多く所有する豪農や豪商たちにとって、「政治に参加するのは自分たちの正当な権利だ」という認識が強くなる。

これに対して政府は、1878年、三新法《さんしんぽう》（郡区町村編制法、府県会規則、地方税規則）を制定した。これにより、地方の自治をある程度認めたり、資産を持つ有権者が選挙で選んだ議員から成る府県会を創設し、豪農たちを満足させて民権運動から引き離そうとした。

だが、そんなことで人びとは納得せず、民権運動は大きな盛り上がりを見せ、一大国民

運動へと発展する。1880年には愛国社が再興され、翌1881年、国会期成同盟が結成され、政府に対して強く憲法の制定と国会の開設を要求した。

これに対して政府は集会条例を制定して対抗したが、民権派の人びとは自分たちで憲法草案を作成していった。たとえば高知県出身の民権理論家である植木枝盛《うえきえもり》は、『東洋大日《とうようだいに》本国国憲按《ほんこくこっけんあん》』を起草している。

そこには次のような条文が記されている。

第70条「政府国憲ニ違背《いはい》スルトキハ日本人民ハ之ニ従ハザルコトヲ得」

第71条「政府官吏《かんり》圧制ヲ為《な》ストキハ日本人民ハ之ヲ排斥スルヲ得。政府威力ヲ以テ擅恣《せんし》暴逆ヲ逞《たくましゅ》フスルトキハ日本人民ハ兵器ヲ以テ之ニ抗スルコトヲ得」

第72条「政府恣《ほしいまま》ニ国憲ニ背キ擅《ほしいまま》ニ人民ノ自由権利ヲ残害シ建国ノ旨趣《しゅし》ヲ妨クルトキハ日本国民ハ之ヲ覆滅《ふくめつ》シテ新政府ヲ建設スルコトヲ得」

いかがであろうか。

植木は、政府が憲法に違反する命令を出したときに、国民がこれに抵抗する権利を認め、さらに役人が圧政をおこなったら、実力でこれを排斥することができ、もし威力をもって政府が暴虐をほしいままにしたときは、武器をもって対抗し、政府を倒して新政府をつくる革命権を認めているのである。

「武器をもって政府を倒すなんて、何と野蛮な」そう思うかもしれない。

だが、それは、今の私たちの感覚がおかしくなっているのである。

欧米において、イギリスの哲学者ジョン・ロックは「抵抗権・革命権は人間の自然な権利だ」と主張し、それがアメリカ独立戦争やフランス革命の論理となった。また、フランスのルソーは、国家は自由で平等な人間の自発的な契約によって成立したのだとする。

つまり、福沢諭吉が『学問のすゝめ』で述べているように、「人民は国の家元主人」であり、「政府へこの国を任せて事務を取り扱わしむるの約束をなし」たのである。

そんな政府がもし国民を圧迫したなら、政府は倒してしまえばいい、そう植木枝盛は『東洋大日本国国憲按』に明記している。

いっぽう、福沢諭吉は武力による革命には否定的な見解を示している。

福沢は、政府の暴政に対し、国民がとる手段は三つあるという。

一つはおとなしく政府に従う。二つ目は武力で政府に抵抗する。三つ目は「正理を守って身を棄」てる。

このうち三つ目が、国民がとるべき「上策の上」だと述べ、理をもって政府に迫れば、政府のためを思って進言しているのだから、政府に迫害されることはないだろうと述べる。そして、もし今年言って用いられなければ、また翌年言うべきであり、「力をもって政府に敵すれば、政府は必ず怒りの気を生じ、」「益々暴政を張り、その非を遂げんとする」し、戦争になれば、結局、事の善悪など関係なくなり、力の強い者が勝つことになってしまう。だから「如何なる暴政の下に居て如何なる苛酷の法に苦めらるるも、その苦痛を忍びて我志を挫《くじ》くことなく、一寸の兵器も携《たずさ》えず片手の力を用いず、ただ正理を唱えて政府に迫ることなり」と無抵抗不服従を説いたのである。

さらに福沢は赤穂《あこう》浪士の例をあげ、赤穂浪士の吉良《きら》邸襲撃という実力行使は間違っており、まずは不公平裁定を下した江戸幕府に対し、浪士の代表が抗議をおこない、その者が幕府に処刑されたなら、次の者が同じことを直訴し、さらに彼が殺されたら、また次が直訴へ向かう。そうすれば、四十七士全員を殺す前に、さすがの幕府も裁定を見直すだろうし、まさにそうした行為こそが殉教と呼べる尊い死であり、真の命の捨て方なのだと説く。

植木枝盛と福沢諭吉を例にとって、憲法も国会も持たず、政府に意見できぬ時代について触れたが、明治人が今の私たちにはない「気概」を持っていたことがわかるだろう。いつから私たちは、牙を抜かれてしまったのだろうか。

神聖不可侵な存在とされた大日本帝国憲法での天皇

政府は1881年、国会開設の勅諭《ちょくゆ》を発し、1890年までに国会を開くとし、民権運動の高揚を牽制《けんせい》した。対して同年、自由民権派は、板垣退助を総理とするフランス流の急進的な自由主義を説く自由党を発足させた。これが日本ではじめての政党である。

また、この年に政府から追放された参議の大隈重信も翌1882年、イギリス流の議会政治を説く立憲改進党を創設して国会の開設に備えた。

ただ、すでに述べたように、松方正義大蔵卿のデフレ政策がはじまり、農作物の価格は暴落し、破産した農民たちが自由党員らを指導者として、高利貸や警察を襲撃する激化事件が相次いだ。こうして統制力を失った自由党は1884年、解党を決定した。立憲改進党も活動停止状態になってしまった。

ただ、いったん終息した民権運動だが、国会開設の時期が近づいた1886年から再結集がはじまり、三大事件建白運動（地租引き下げ、言論・集会の自由、外交失策の挽回）を展開して政府を激しく攻撃するようになった。

政府は保安条例を発して民権運動を弾圧する一方、伊藤博文《いとうひろぶみ》を中心に憲法草案の作成に着手、1889年2月11日、ドイツに範をとった皇帝の権限の強い大日本帝国憲法《だいにほんていこくけんぽう》を発布した。

この憲法は、天皇が定めて国民に与える欽定《きんてい》という形式をとり、天皇は役人の任免権、軍の統帥権など、絶大な権限（天皇大権）を有する神聖不可侵な存在と規定された。ただ、憲法の範囲内としながらも、信教の自由、言論の自由が認められたことで、民権派の多くがこの憲法に満足した。

翌1890年、ついに民権派の念願であった帝国議会が開設された。

議会は衆議院と貴族院の二院制をとり、貴族院は華族や勅選議員などで構成された。一方、衆議院議員は選挙によって選ばれることになった。国民の代表を政府に送り、国政に参加させるというのは、民権家にとっては長年の夢であった。

しかしながら選挙の有権者は、直接国税15円以上をおさめる25歳以上の男子のみに限られた。それは、国民全体のわずか1・1％に過ぎなかった。

よくわかる！　明治初期の二大政党

	自由党	立憲改進党
	1881年10月　結党 総理　板垣退助	1882年4月　結党 総理　大隈重信
性格	フランス流 急進的な自由主義	イギリス流 漸進的な立憲主義
主張	一院制・主権在民 普通選挙	二院制・君民同治 制限選挙
主な党員	片岡健吉・大井憲太郎 河野広中・星 亨ら	矢野竜渓・犬養 毅 尾崎行雄ら
基盤	士族や地主・自作農 など農村が中心	都市の知識人層や 実業家
機関誌	『自由新聞』	『郵便報知新聞』
	1884　解党	1884　大隈ら脱党

ただ、この制限選挙の結果は、政府に衝撃を与えることになった。政府の反対派政党（民党）が300議席中171議席、すなわち過半数を占めたからである。

選挙前、黒田清隆《くろだきよたか》総理大臣は、「政府は、政党と距離をとって政治を進めていく」という超然《ちょうぜん》主義を表明していたが、議会では衆議院に予算の先議権があり、第一回帝国議会において、山県有朋総理大臣はさっそく民党の激しい反対にあい、予算案の成立が危機に立たされてしまう。

軍艦建造費をめぐる帝国議会と政府の対立

続く松方正義内閣も、海軍拡張費をめぐって民党と対立、議会を解散し、民党の選挙活動を徹底的に妨害したが、総選挙の結果、民党の議会における優位は変わらなかった。

そのため『民力休養』（税金を下げろ）・『政費節減』（政府予算を削れ）を二大スローガンとした民党の主張に、藩閥政府は常に苦しむことになった。

1892年、第二次伊藤博文内閣は、第四議会において民党と軍艦建造費をめぐって激

よくわかる！
大日本帝国憲法と日本国憲法

大日本帝国憲法		日本国憲法
1889年 2月11日	発布	1946年 11月3日
1890年 11月29日	施行	1947年 5月3日
欽定憲法	形式	民定憲法
主権在君	主権	主権在民
統治権を総攬する神聖不可侵の元首。天皇大権をもつ	天皇	日本国及び日本国民統合の象徴。政治上の権力はなし
各国務大臣は天皇が任命。天皇に対して責任を負う	内閣	議院内閣制を明確化。国会に対し責任を負う
天皇の協賛機関 貴族院・衆議院の二院制 両院対等（予算先議は衆議院）	国会	国権の最高機関、 唯一の立法機関 衆議院・参議院二院制
衆議院議員は公選	選挙	普通選挙
法律の範囲内で権利を保障	国民	基本的人権を保障
国民に兵役義務・ 天皇に統帥権	軍隊	永久平和主義・戦争放棄

しく対立。結局、政府の歳出予算案から884万円を削減するという修正案が衆議院で可決されてしまう。伊藤内閣が修正案に同意できぬと主張すると、衆議院は翌年の2月、内閣弾劾上奏案を可決したのである。今でいう内閣不信任決議だ。

こうして総辞職か衆議院を解散かの選択を迫られた伊藤は、明治天皇の力を借りた。天皇は「内閣と議会（衆議院）が互いの主張を譲り合って、私（天皇）の政治を補佐してほしい」という内容の「和衷《わちゅう》協同の詔勅」を発した。同時に自由党とのパイプが太い外務大臣の陸奥宗光が、自由党から妥協を引き出したのである。

このため262万円を予算から削減することで衆議院は合意し、予算案はどうにか衆議院を通過した。

だが、自由党と政府の接近を憎んだ立憲改進党は、条約改正に反対の立場をとりだした。この当時、陸奥外相が列強との不平等条約の改正に取り組んでおり、イギリスとの間で領事裁判権を削除した新条約を結ぼうとしていた。

改進党の党首・大隈重信がかつて外務大臣だったとき、条約改正交渉に尽力したこともあって、政府は「さすがに改進党も賛成に回る」と楽観していたが、甘かったのだ。

改進党は、「条約改正をせずに現在の不平等条約を厳守するべきだ」と主張し、保守的な国民協会や大日本協会ら他党と「対外硬六派《たいがいこうろっぱ》」を結成し、政府と対立した。「対外硬六派」は議会の過半数を占めており、ここにおいて、陸奥の条約改正交渉は、暗礁に乗り上げる事態となった。

それにしてもなぜ、「不平等条約の厳守」を政府に要求したのだろうか――。

じつは、現条約は外国人の居住や活動範囲が厳しく制限されていた。しかし現実には、外国人は国内のあちこちに住み、自由に生活していた。もし条約を厳守すれば、外国人らは居留地内に移転しなければならず、不自由な暮らしを強いられる。そうなれば、列強諸国のほうから平等条約の締結を口に出してくる、そう考えたのだ。

また、排外主義の立場から現条約を支持した議員も少なくなかった。平等条約を締結すれば、内地雑居が許され、外国人が日本で自由に商活動できるようになる。そうなれば、日本の諸産業は欧米人に乗っ取られてしまうと心配したのである。

いずれにせよ、第五議会では条約励行建議案が大日本協会から提出され、同案の衆議院通過が確実になった。これを防ぐため、伊藤はついに衆議院を解散した。

翌1894年3月の総選挙の結果、与党の自由党は躍進したが、残念ながら過半数を制することはできず、第六議会において、内閣弾劾上奏案が可決されてしまった。まさに伊藤内閣にとっては、絶体絶命の危機だった。

こうした激しい反対政党の攻撃にさらされた伊藤内閣は、6月2日、ある事件に危機打開の望みをたくし、ふたたび衆議院の解散を断行した。そのある事件とは、朝鮮半島で急速に拡大していた甲午《こうご》農民戦争（東学党《とうがくとう》の乱）であった。

4

世論が暴走すると国はどうなるのか？

――強大化する帝国日本

ロシアの南下を恐れ、屯田兵を置いた明治政府

第二次伊藤博文内閣が期待した朝鮮半島での甲午農民戦争は、日清《にっしん》戦争勃発のきっかけとなったが、それを語る前に、日本人のロシアに対する恐怖について話さなくてはならない。というのは日清戦争は、ロシアに対する恐怖が起こした戦争だからだ。

急速に国土を膨張させたロシアは、18世紀後半になると東アジアにも勢力を広げはじめ、蝦夷地（北海道）でアイヌと交易をしたり、幕府に通商を求めるようになってくる。幕末にはなんと、対馬《つしま》を不法占拠するなど、ロシアは領土欲をむき出しにする。幕府は対馬に使者を送ってロシア側と交渉するが、すげなく拒否され、仕方なくイギリスに助力を頼み、どうにか退去してもらったのである。

また、日露和親条約（1854年）で樺太《からふと》（サハリン）を日露両国人の雑居地と取り決めたのに、明治時代になると、ロシアは軍人や囚人などを送り込み、日本人居住地に圧迫を加え、樺太支配を強めた。同島を維持できぬと考えた明治政府は、千島《ちしま》・樺太交換条約を結んで樺太を放棄せざるを得なくなった。

こうしたロシアの南下に対し、明治政府は「やがて北海道に侵攻してくるのではないか」と恐怖し、屯田兵《とんでんへい》（士族出身の武装開拓民）を置いて防備を固めた。同時に、鎖国していた朝鮮を開国させ、日本の勢力下に置いて同国を近代化させ、共にロシアの勢力を防ごうとしたのである。

ところが、朝鮮がかたくなに開国を拒んだので、前述のとおり、征韓論が起こったというわけだ。征韓論争に敗れた西郷隆盛らが下野した2年後（1875年）、明治政府は軍艦を江華島《こうかとう》近くに派遣して挑発行動をとり、朝鮮軍が発砲したことを責めて戦争をちらつかせ、1876年、不平等条約（日朝修好条規）を結んで朝鮮を強引に開国させた。

朝鮮政府は閔妃《ミンピ》（国王高宗《こうそう》の妃）一派が権力を握っていたが、開国を機に日本に学んで近代化をはかろうとした。だが、日本との交易がはじまって諸物価が高騰したこともあり、国民の間では、反日的な気運が広がっていった。

こうしたなか、1882年、保守的な国王の実父・大院君《たいいんくん》が、軍隊の一部を動かして王宮を占拠して閔妃政権を倒し、日本公使館を襲撃した。

だが、この後、驚くべきことが起こった。

朝鮮の宗主国である清国軍がこのクーデターに介入し、大院君を王宮から拉致《らち》して連れ去り、再び閔妃一族を政権につけたのである（壬午《じんご》軍乱）。

属国である朝鮮の政情が不安定になったり、日朝関係が悪化し清国がこれに巻き込まれるのを嫌ったからだ。なお、これに感謝した閔妃一派は、親日派から親清派に寝返ってしまう。これにより、朝鮮における日本の影響力は低下した。

ところが2年後（1884年）、ベトナムを領有しようとするフランスが、宗主国の清と戦争をはじめた（清仏戦争）。これを好機ととらえた日本は、金玉均《きんぎょくきん》や朴泳孝《ぼくえいこう》ら朝鮮の親日派（独立党）を支援してクーデターを決行させ、閔氏を排除し親日政権を樹立しようともくろんだのだ。しかし、またも清国軍が介入してきて、計画は失敗に終わり（甲申《こうしん》政変）、日本の朝鮮における影響力は消失してしまった。

これ以上の事態悪化を防ぐため、伊藤博文は自ら清国へ渡って実力者の李鴻章《りこうしょう》と会談、1885年、天津《テンシン》条約を結んだ。この条約により、日清両国軍は朝鮮半島から撤兵。「今後、半島に兵を出す際は事前に通告する」と取り決めたのである。

ただ、日本政府は「朝鮮を影響下におくため、将来的には清国と戦争せざるを得ない」と考えており、それから数年間、軍備拡張に力をそそいだ。

日清戦争を起こすために陸奥宗光が仕掛けた〝罠〟

　1890年代に入ると、日本の軍関係者は「清国軍と戦っても勝てる」と確信するようになった。そんな1894年、閔氏政権の打倒や日本人や欧米人の追放を求めて、朝鮮の農民が反乱を起こしたのだ。これが前述の甲午農民戦争である。

　この甲午農民戦争に日本政府が軍事介入するか否かについて、国民の耳目《じもく》が集まるようになった。もし出兵となれば、議会は政府への対決姿勢をゆるめ、全面的に軍事行動に協力する可能性が出てくる。

　そうした変化を予測して、伊藤内閣は総辞職の道を選ばず、時間稼ぎのために議会を解散させたのである。内政の混乱を外交問題でそらすというのは、政権を握る者の常套手段といえるだろう。

　朝鮮の反乱は拡大の一途をたどり、朝鮮政府は鎮圧に自信を失い、ついに宗主国である清国に応援を求めた。そこで清国は天津条約に基づいて「半島に出兵する」と日本側に事前通告をおこなったが、時を同じくして日本軍も朝鮮半島へ渡った。こうして半島で日清両軍が対峙《たいじ》する状態になると、驚いた反乱軍と朝鮮政府は講和を結び、そのうえで朝鮮政府は両軍に対して撤兵を求めた。

しかし陸奥宗光外務大臣は、この機に日清戦争を勃発させようと、清国に「共同で朝鮮政府を改革しよう」と持ちかけ、これを拒絶されると清国と断交した。そして日本軍に朝鮮王宮を占拠させ、閔氏を政権から引きずりおろして大院君を擁立《ようりつ》。朝鮮国王が日本軍に清国軍の駆逐を依頼したというかたちをとって、清国軍と戦いをはじめたのである。

日清戦争がはじまると、第七議会では1億5000万円近くの戦争に関する予算案や法案を全会一致で可決した。つまり、日清戦争を機に議会は政府に全面協力に転じたのだ。こうして伊藤内閣は、窮地を脱することができたのだった。

また、戦いも日本軍の圧倒的な優勢のうちに進み、翌年、下関（日清講和）条約が締結され、清国は日本が求めていた「朝鮮の独立」を認め、さらに台湾《たいわん》と遼東《りょうとう》半島の日本への割譲を約束、2億両（約3億1000万円）の賠償金を支払うこととなった。

ところが、である。

ロシアが日本の遼東半島領有を嫌い、フランスとドイツを誘って半島を清国へ返還するよう日本に求めてきたのである（三国干渉）。

よくわかる！　日清戦争の流れ

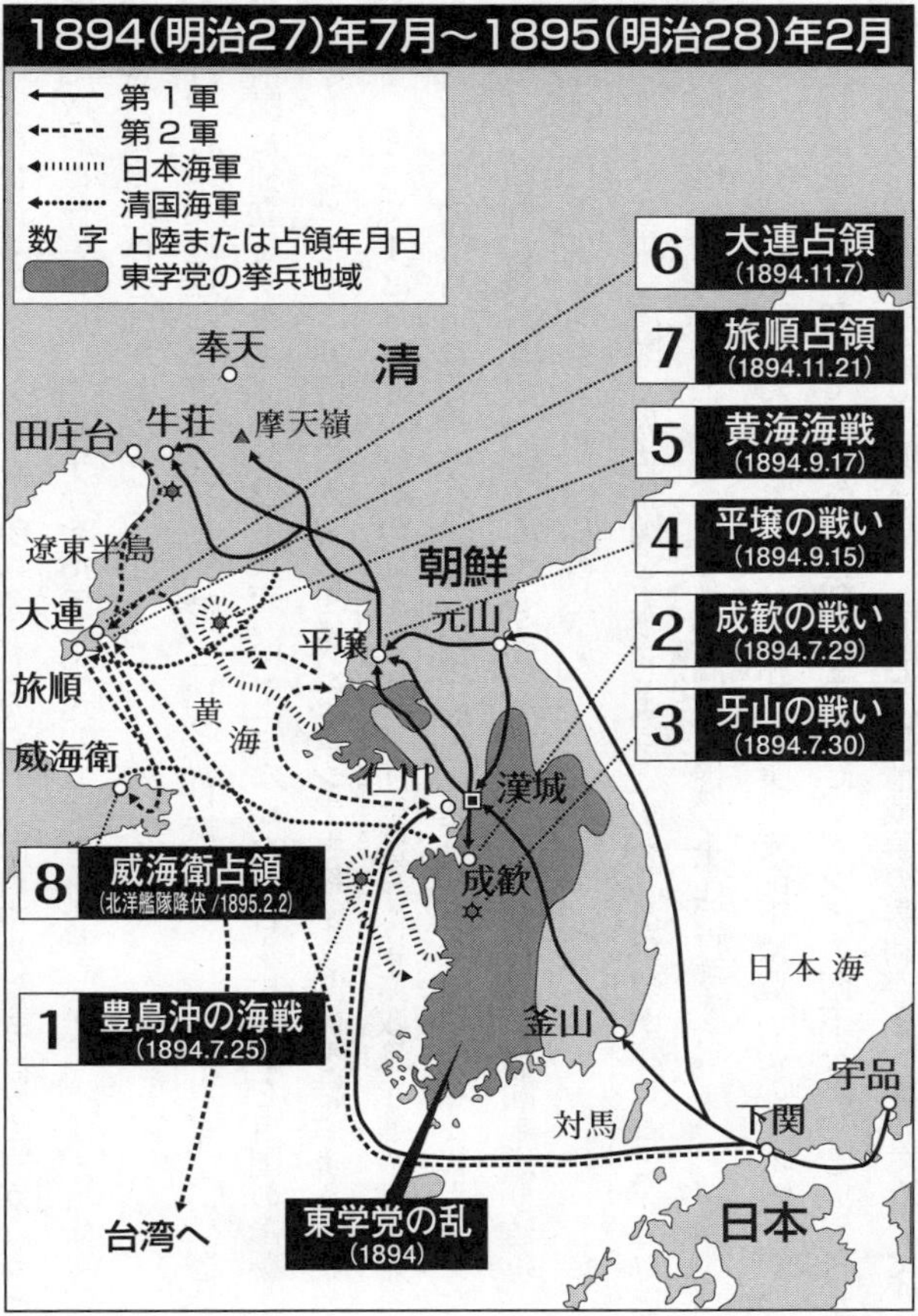

もしこの要求に逆らい、ロシアと戦争に発展したら、当時日本には到底勝ち目がなかった。そこで政府は仕方なく、遼東半島を清国へ返還したのだった。

だが、さらに事態は悪化する。

ロシアは、日本が返還した遼東半島を租借《そしゃく》という名目で勢力下に置いてしまったのだ。また、清国に独立を認めさせた朝鮮も大変なことになった。日本は朝鮮を自国の影響下に置こうとしたわけだが、朝鮮政府がこれを嫌い、ロシアと親密な関係を結ぶようになったのである。そこで1895年、朝鮮の日本公使・三浦梧楼《みうらごろう》らは親露政策を進める閔妃を虐殺する。すると国王高宗は朝鮮のロシア公使館に逃げ込み、そこで政務をとるようになった。こうして朝鮮に親露政権が誕生してしまう。ロシアは朝鮮に軍事顧問を送り込み、のちに半島北部に軍事基地をつくりはじめた。

さらに、1900年、清国で列強諸国を駆逐しようとする北清《ほくしん》事変が起こると、これを鎮圧するために出兵したロシア軍は、そのまま満州《まんしゅう》全域を不法占拠する。

そして第二次露清密約を結んで、ロシアは満州を事実上支配下に置いたのである。

こうして日清戦争に勝利して独立させた朝鮮と連携し、ロシアの南下を防ぐという日本政府のもくろみは完全に失敗してしまい、むしろ、日清戦争の勝利がきっかけになって、ロシアの南下がますます促進され、我が国にとって危機的な状況が生まれてしまったのである。

ロシアとの協定失敗で締結された日英同盟

ロシアという国家は、日本の約60倍以上の国土を有し、当時は人口も約2・5倍であった。そのうえ陸軍大国として知られ、200万人以上の兵を有しており、海軍力も強大で、日本軍の装備と比較して圧倒的に優勢だった。

そこで三国干渉後、日本政府は「臥薪嘗胆《がしんしょうたん》」をスローガンにして、官民一体となってすさまじい軍備拡張をおこなった。軍事予算が国家予算の5割近くに達する年度も珍しくなくなった。

ただ、こうした軍拡に励んだものの、本気でロシアと戦争するつもりなどなかったのである。ロシアとの軍事力の差は隔絶していたうえ、ロシアも軍拡に力を入れたので、その差はなかなか縮まらなかったからだ。その現状は日本の政府も軍もよく把握しており、軍拡はあくまでロシアの侵攻に備える、あるいは牽制《けんせい》することが目的だった。ただ国民の多くは「臥薪嘗胆」が合言葉になったこともあり、将来的にロシアと戦って勝つつもりでいた。これが将来、大きな禍根《かこん》となる。

日本政府は、ロシアの南下を外交の力によってくいとめようと考えていた。時の桂太郎《かつらたろう》内閣は、ロシアに妥協して「満州におけるロシアの支配権を認め、その代わりに朝鮮における日本の優越権を認めてもらおう」と意図していた。けれどもロシアのほうは南下をやめるつもりはなく、逆に極東に軍事力を集め、日本に圧迫を加えてきたのだ。そうしたなかで、「利害関係を同じくするイギリスと同盟を結んでロシアを牽制すべきだ」とする日英同盟案が浮上してくる。中心になって動いたのが、駐英公使の林董《はやしただす》だった。対して、妥協案をさらにすすめ、満韓交換論を中核とする日露協商を結ぼうと提案したのが、大御所政治家である伊藤博文であった。

意外なことに日本政府は、相反する日英同盟と日露協商の交渉を同時並行で進めさせた。どうやら桂太郎内閣はイギリス、ロシアのみならず、さらには他の列強諸国ともアジア地域に関する相互条約や協定を結び、多国間協定によって不安定な状況を改善させようと考えていたようだ。

だが、ロシアまで出かけて行った伊藤は、日露協商の締結に失敗。逆にこの動きを知って焦ったイギリスが、にわかに同盟交渉に乗る気となり、結果的に1902年、日英同盟が成立したのである。

新聞が世論をあおり、抑えきれなくなった主戦論

日英同盟が結ばれたことで、世論に大きな変化が起こった。

国内で急速に主戦論が高まっていったのである。それに拍車をかけたのが、東京帝国大学教授の戸水寛人《とみずひろんど》ら7人の学者たちだった。翌1903年6月、彼らは桂太郎首相などに意見書を送り、内閣の軟弱外交を非難し、「漫《みだ》りに開戦を主張するものにあらず」としながらも、このままでいたら朝鮮の利権を失ってしまうと主張した。

当時、この意見書が新聞に掲載されると、世論は大いに主戦論で盛り上がった。この頃になると、ほとんどの新聞も主戦論に転換、世論をあおったのである。

また、陸軍参謀本部（作戦計画の立案等をおこなう部署）も、「まだロシアが極東に兵力

を集中できていない段階で、早期に戦端を開くべきだ」ととなえるようになった。極め付きは、同年8月のロシアの動きであった。なんと、朝鮮北部に軍事基地をつくりはじめたのである。これにより、もはや国民の主戦論は抑えきれなくなった。

世論というものは、近代国家において、国を動かす最大の原動力であると言ってよい。たとえ独裁者であっても、これを無視することはできない。いや、むしろ独裁者は世論をうまく利用する。巧みに国民を扇動《せんどう》し、自分の思うままに操る。それが、近代以降の多くの独裁者の手法であろう。

当初、一部の人間（多くが知識人や各界のリーダー）の主張だったものが、マスコミの宣伝によって、国民から一定数の支持を受ける。すると、売り上げが伸びるからといって、さらにマスコミが誇大な記事を載せて人びとをあおる。それに乗せられて一般大衆が大いに熱狂する。こうやって世論が形成されると、いくら政治権力や業界が抑えようとしても、もう国民熱を冷《さ》ますことはできない。

社会現象のみならず、近代以降の戦争も、ほとんどはそうして勃発したのである。

日露戦争もまさにそうであった。政府としても１９０３年4月の時点で、最悪の場合、「軍事衝突もやむなし」と決めたが、世論が主戦論に熱狂した段階でもまだ、閣僚は非戦論のほうが優勢だった。戦ってもロシアに勝てる展望が見えなかったからだ。このため、日本政府はさらなる外交的努力をつづけた。

日露交渉は小村寿太郎《こむらじゅたろう》外相とロシアのローゼン駐日公使の間でおこなわれ、同年10月、ロシア公使は「韓国（朝鮮）は自国の利益範囲外にある」と認め、満州と朝鮮の国境付近を中立地帯とする案がまとまった。

しかし、この案をロシア政府は無視し、同年12月「日本の朝鮮の軍事的支配は認めない。北緯39度以北を中立地帯とせよ」などと求め、折れる気配を見せようとしなかった。このため日本政府も仕方なく開戦準備をはじめたものの、予算の面でまったく戦争のめどが立たず、一縷《いちる》の望みをかけて日露交渉は続けることにした。

翌1904年1月、ロシアは日本の韓国における指導権を容認したものの、「中立地帯の設定」、「韓国領をロシアが軍事使用しない」ということについては拒絶した。

このため1月30日の政府首脳会議では、戦争に否定的だった伊藤博文も戦争やむなしと明言、2月1日には大山巌《おおやまいわお》陸軍参謀総長も明治天皇のもとに出向いて、開戦は不可避であることを奏上した。

けれど、事ここにおよんでも、明治天皇は開戦をためらっていたのである。

だが、それから2日後の2月3日、ロシアの軍港・旅順《りょじゅん》に停泊していたロシアの太平洋艦隊の行方《ゆくえ》がわからなくなったという知らせが届く。

「さては、ロシアが軍事行動に移ったのか！」そう焦りを覚えた軍と政府の首脳部は、翌日、臨時の御前会議を開いた。この会議において天皇は、ついに開戦を決定。翌日、ロシアに対して宣戦布告とほぼ同じ意味を持つ最後通牒《さいごつうちょう》を発した。

しかし、この会議が開かれる朝、明治天皇は信頼する伊藤博文を招き、その意見を徴《ちょう》した。非戦派だった伊藤だが、このときはさすがに開戦不可避を主張した。そうして午後3時から御前会議が開かれたのである。だが、会議から御所に戻ってきた天皇は、「今回の戦争は私の意思ではない。けれど、ここに至ってしまっては、これをどうすることもできんのだ。もし戦争に敗れるようなことがあれば、私は何と祖先にお詫びし、国民に対することができようか」と述べ、涙を流したという。

大日本帝国憲法に「大日本帝国ハ万世一系ノ天皇之ヲ統治ス」、「天皇ハ国ノ元首ニシテ統治権ヲ総攬《そうらん》」するとある。そんな強大な権限を与えられた天皇をもってしても、世論に逆らうことはできなかったのである。

戦費のあてもなくはじめた無謀な戦争

こうして1904年2月8日、日本の連合艦隊が旅順港外のロシア太平洋艦隊に奇襲攻撃をかけたことで日露は戦闘状態に入り、同月10日、両国は互いに宣戦布告をしあって日露戦争が勃発した。

この戦争は日清戦争とちがい、速射砲や連発式銃といった新型強力兵器が大量に投入され、日本は100万人の兵士を大陸に送るなど、総力を結集して戦いを遂行していった。本格的な近代戦、前代未聞の物量戦であった。

そうした総力戦を勝ち抜くために、まず必要なのは資金である。70年以上、戦争を経験していない現在の日本人が、もし戦争することになって一番これまでの生活との変化を痛感するのは、経済的負担の大きさだと思う。経済力のすべてを最優先で戦いに投入することになるからだ。

日露戦争で政府が一番懊悩《おうのう》したのは、やはり戦費の調達先であった。まことに驚くべきことだが、日露戦争は、戦費確保のめどが立たないままはじめてしまった戦争なのだ。日本銀行には戦争前、1億1700万円程度しか正貨の蓄えがなかった。

もちろん政府だって馬鹿ではない。今回の戦争は日清戦争をはるかに超える規模になることは想定しており、とても国内だけで戦費をまかなえるとは考えていなかった。そこで1903年12月、同盟国のイギリスに対して財政援助を求めた。

ところが、である。

翌年正月、期待していたイギリスが財政難を理由に支援を拒絶してきたのだ。

いずれにせよ、長期戦に持ち込まれたら、資金面だけでなく、兵力の差でも勝ち目が薄くなるから、日本の陸海軍は当初、短期で戦争を終結させるつもりだった。

つまり作戦はこうだ。奇襲攻撃で旅順港にいるロシアの太平洋艦隊を撃滅して制海権を握り、朝鮮半島をすばやく制圧した後、鴨緑江《おうりょっこう》を越えて急進し、南満州の遼陽《りょうよう》に全兵力を投入してロシア軍に大打撃を与え、戦意をくじいて講和に持ち込む、というものだった。

だが、奇襲に失敗して太平洋艦隊は旅順港内に逃げ込まれ、湾内から引き出すのが不可能になった。そのうえ、ヨーロッパからは同規模のバルチック艦隊がアジアに近づいてくる。また、大兵力を集中させた遼陽会戦で日本陸軍はどうにか勝利をつかんだものの、想像を絶する犠牲者を出したうえ、ロシア軍をあっけなく逃がしてしまった。

これにより、当初のもくろみは大きく崩れ、その後、10月の沙河《さか》会戦で勝利するが、以後、陸戦は完全に膠着《こうちゃく》状態に入ってしまった。また、海軍の依頼によって旅順港を背後から攻略するため乃木希典《のぎまれすけ》率いる第三軍が編成されたが、要塞化した旅順はなかなか陥ちず、翌年正月の元日になってようやく陥落した。なんと、攻略するのに延べ10万人もの兵を動員し、戦死者1万5400人、戦傷者4万4000人という空前の人的損害を出してしまったのである。

こうなることはすでに戦う前から予想されていた。とてものこと、臨時の増税や献金、公債では戦費は足りない。ならば、どうするか。頼みの綱はただ一つ。イギリスやアメリカなど、同盟国や友好国の人びとから外債を買ってもらうことであった。こうして我が国の興廃をになって渡海したのが、日本銀行副総裁の高橋是清《たかはしこれきよ》であった。

高橋是清の強運！　外国の金で戦った日露戦争

戦いが始まった1904年2月に渡米した高橋だったが、アメリカ国民は、黄色人種の小国が白人の老大国ロシアに勝てるとは夢にも思わず、外債の引き受け手はほとんどいなかった。高橋は次にロンドンへ飛び、ロスチャイルド家をはじめイギリスの金持ちたちに積極的に接触をはかって好条件を提示したが、予定していた半分（500万ポンド）しか外債をさばくことができなかった。

途方に暮れていた高橋を知人のヒルが晩餐《ばんさん》会に招くが、このとき隣席に座ったのがアメリカの富豪ヤコブ・シフだった。なんとシフは、高橋の話を聞いて外債の残り500万ポンドを「自分が引き受け、アメリカで発行する」と約束してくれたのだ。

シフはユダヤ系の大富豪で、ロシアがユダヤ人を迫害していることに我慢ならず、ロシア帝国の滅亡に期待し、日本政府に協力することを約束したのだ。シフはたまたまイギリスに旅行中で、これまた、たまたま高橋是清の隣に座っただけであった。まさに、高橋の強運が日本を救うことになったのである。

だるまさんと呼ばれた高橋是清
（写真／毎日新聞社）

結局、日露戦争の戦費は17億円を超え、そのうち公債は13億5000万円にのぼった。つまり、公債のおかげで戦争が完遂できたわけだが、さらに驚くべきは、その額のうち3分の2にあたる8億2000万円が外債だったのである。すなわち、日露戦争は外国の資本で戦った戦争だといえるのだ。

日本軍は、奉天《ほうてん》での会戦を日露戦争の関ヶ原と位置づけていたが、ついに1905年3月、60万人という日露の大軍が奉天で激突した。戦いは、3月1日に日本軍が、奉天に陣取るロシア軍を包囲して殲滅《せんめつ》しようと動いたところから本戦に突入し、同月10日になって、ロシア軍がまだ余力を残しながら撤退をはじめたことで、戦い自体は日本軍の勝利に終わった。けれど、逃げるロシア軍を追撃する体力は、もう日本軍には残っていなかった。そう、武器も兵士も底をついていたのである。

日本政府としては、この勝利を機に、何としても講和に持ち込みたいと考えていた。

ところが、ロシア皇帝ニコライ二世は、講和交渉にまったく応じようとしなかった。というのは、ヨーロッパにはまだ100万のロシア兵が健在であり、さらにバルチック艦隊が極東へ刻々と向かっていたからであった。

もしバルチック艦隊が極東のウラジオストックに入港できれば、日本の連合艦隊を制し

よくわかる！　日露戦争の流れ

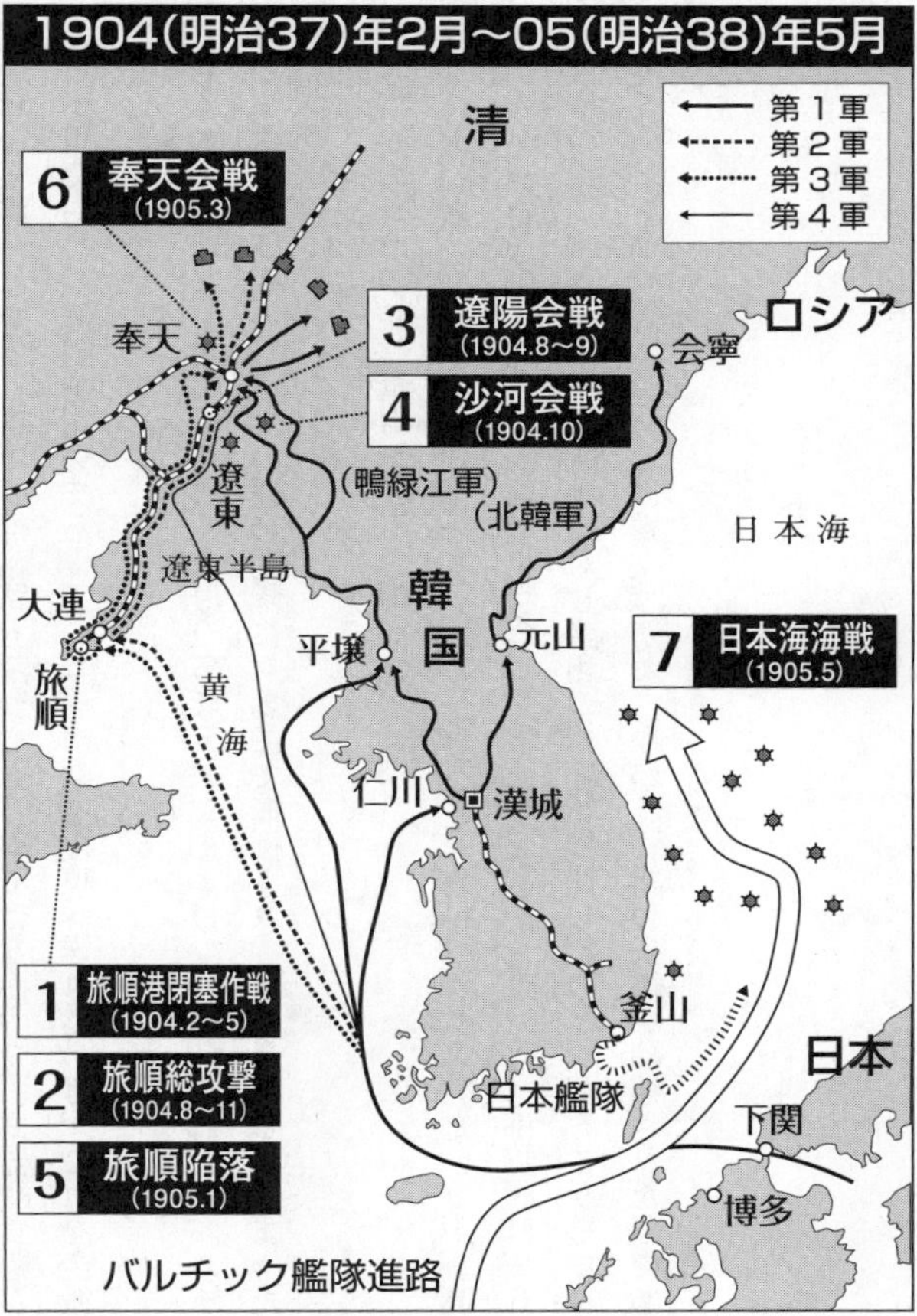

て制海権を奪い、満州にいる日本軍の補給路を断つことも夢ではなかった。武器や食糧が欠乏した日本軍に対し、鉄道を用いて数十万のロシア兵を極東へ送り込めば、これを全滅させることも不可能ではない。

だが、そんなニコライ二世の期待は、1905年5月にあっけなく粉砕された。バルチック艦隊が東郷平八郎《とうごうへいはちろう》率いる日本の連合艦隊に対馬沖で捕捉され、ほぼ全滅してしまったからだ。世に言う日本海海戦である。

そこでさすがのニコライ二世も講和へと傾いた。

いっぽう日本国内では、この勝利に沸《わ》き立ち、「戦争をさらに継続せよ」という声が高まったが、すでに日本軍の体力が限界を超えていることを熟知していた日本政府は、6月、アメリカのローズヴェルト大統領に対し講和の斡旋《あっせん》を依頼したのだった。こうしてワシントン近くのポーツマスにおいて日露交渉がおこなわれ、講和条約が締結されたのである。

日露戦争は「必要のない」戦いだった

ポーツマス条約でロシアは、韓国（朝鮮）における日本の指導・監督権を認めた。ここにおいて、我が国の最低限の戦争目的は達成されたわけである。ロシアの勢力を半島から駆逐し、今後はここを防波堤にできる。

さらに日本は、ロシアから旅順・大連《だいれん》の租借権と南樺太を譲られた。これにより清国の南満州にも影響力を持つことができるようになった。

しかし、である。国民が最も期待していた賠償金は、1円もロシアから支払われなかった。

ロシアにはまだ戦争を継続できる体力があったのだから、これは当然の結果であろう。

しかしながら、多大な犠牲を払ったのに賠償金を取れないと知った日本国民は、激怒した。

自分たちで戦争のムーブメントを巻き起こしておきながら、ずいぶん勝手な話だが、いつの時代も庶民というのは、自分勝手なものなのである。

1905年9月5日、ポーツマス条約が調印されたが、同日、日比谷《ひびや》公園で講和反対集会が開かれた。このおり、集まった民衆が暴徒化し、威勢のよいことを言っていた政府系の新聞社や交番を焼き打ちしはじめたのである。やがて暴動は手がつけられない状況となり、首都は無政府状態に陥った。このため桂太郎内閣は、軍に全権限をゆだねる戒厳令《かいげんれい》を出さざるを得なくなってしまった。

さて、国民が望んではじめたこの日露戦争では、莫大な戦費のほか、膨大な人的損害が生じた。100万人以上の若者が動員され、戦病死者は8万人を超えた。どこの村でも顔見知りの若者が犠牲になったような状況だった。残された遺族は苦しい経済状況に追い込まれたが、多かれ少なかれ、一般国民も増税や国債の購入、寄付、軍馬の提供などで、生活レベルは悪化した。

また、戦争の後には国家に莫大な借金が残された。

戦地から戻ってきた兵士たちの素行も問題となった。徴兵され余儀なく人を殺さざるを得なかった彼らのなかには、自暴自棄になったり、粗暴になるケースが少なくなかった。

さらに、ロシアに勝利するという目的を果たしてしまった国民の多くが、目標を失って呆《ほう》けた状態になり、生業を放り出して奢侈《しゃし》に耽《ふけ》る風潮も目につくようになった。国家の体制に不信感を抱き、新しい社会主義に飛びつくインテリ層も増えていった。

こうした国民の動向を危惧した政府は、1908年に戊申詔書《ぼしんしょうしょ》を発布した。明治天皇が国民に対し、勤倹節約をすすめ、奢侈を戒《いまし》める内容の詔書であった。

また内務省は、戦争の影響で打撃を受けた農村を自分たちの努力によって立て直させる地方改良運動を精力的に進めていった。

軍は、農村へ戻った膨大な兵士をまとめ、彼らを惰弱《だじゃく》な方向へ流さず、結束を保って次の戦いに即応できるよう、帝国在郷軍人会を1910年に発足させた。本部は東京に置かれ、各連隊区を支部とし、市町村ごとに軍人会の分会が設置された。これにより全国に軍の勢力が浸透するようになり、いわゆる軍部という政治勢力が形成されていくのである。

ただ近年、日本の国力を費やした総力戦といえる日露戦争は、「本当は必要のない戦争だったのではないか」と研究者の間でいわれるようになってきている。

じつは日露戦争の直前の1904年1月28日、ロシア政府は朝鮮における日本の優越権を容認する内容をローゼン駐日公使に送っていたのである。それだけではなく、満州において日本が獲得した権利についても尊重するとした。

当然この内容なら、日本は満足できたはずだが、このロシアの妥協案は、なぜかローゼンのもとに届かなかったため、2月4日、日本は開戦を決定してしまったのである。通信網である海底のケーブルを日本が切ったため、という説もあるが、いずれにせよ、もしこの情報が届いていれば、日露戦争はこの時点では起こらなかったはず。そういった意味では、必要のない戦いだったといえるのである。

5

竹島問題を複雑にしたのは誰か？

――世界の強国となった日本

「トーゴー通り」も誕生！　世界に衝撃を与えた日露戦争勝利

日露戦争は、世界にさまざまな意味で大きな影響を与えた。

この戦争は、白人の強大な国家に黄色人種の新興国家が勝ったという意味で、非常に画期的であった。このため、世界で帝国主義が吹き荒れるなかで、欧米の植民地や侵略を受けている人びとに、大いなる希望と勇気を与えることになった。

清国の孫文《そんぶん》、毛沢東《もうたくとう》、インドのネルー、ベトナムのホーチミンなど、のちにアジアの指導者となっていく人びとにも、日本の勝利は大きな感動と影響を与えた。

また、ロシアから圧迫を受けていたトルコやフィンランドなど東欧諸国も、日本の勝利に沸き立ち、トルコのイスタンブールでは、連合艦隊司令長官の東郷平八郎の名を冠した「トーゴー通り」が誕生するほどだった。さらに中東のイランやエジプトにまで、日本の戦勝は影響を及ぼしたといわれる。

清国からは、日本に学んで近代化をはかろうと、多数の留学生が殺到するようになった。

さらにいえば、列強の勢力地図もこの戦争中に大きく変化した。イギリスはロシアと仲の良かったフランスに接近をはかり、1904年4月、英仏同盟を結び、イギリスのエジプト支配とフランスのモロッコ支配を互いに認めあった。すると、新興国として力を伸ばしていたドイツは、フランスのモロッコ支配に反発し、ドイツとフランスの関係が悪化。こうしてイギリス・フランス陣営とドイツは対立関係に入り、両陣営は互いにロシアを味方に引き込もうと外交工作を激しく展開した。結果、ロシアはイギリス・フランス側に入り、英・仏・露の三国協商が成立していくのである。こうして1914年に勃発する第一次世界大戦の構図が出来上がったのだ。

なお、日露戦争に勝利した日本に対し、西欧人の間では、黄禍論《こうかろん》（黄色人種脅威論）が高まり、日本や日本人に対する警戒の念が強まった。

それが敵意にまで高まったのが、アメリカであった。アメリカには19世紀の後半からハワイなどを経由して多数の日本人移民がカリフォルニアなどに流入していた。日本人移民は、勤勉なうえ生活習慣がアメリカ人とは大きく異なり、しかも白人社会とまじわろうとしない。そんな日本人移民の数が増えるにつれて、住人の間に嫌悪感が募るようになっていた。それを一気に沸騰させたのが、満州問題であった。

先述のとおり、日露戦争中にアメリカ国民は多額の日本公債を購入してくれ、セオドア・ローズヴェルト大統領は、日露戦争の講和を仲介してくれた。そうした日本に対する好意は、単なる親切心からではなかった。見返りを期待していたのである。アメリカは他の列強に比べて中国進出が遅れ、なかなか利益に与《あずか》ることができなかった。そこで日本が勝ってロシアから満州の利権を獲得した暁《あかつき》には、満州を日本と共同統治したいと考えていたのだ。時の桂太郎内閣もそれを了承しており、鉄道王と言われたハリマン（アメリカ人）との間で南満州鉄道の共同経営の覚書きを取り交わしていた。

だが、ポーツマス条約を結んで帰国した全権の小村寿太郎外相が大反対し、日本政府は「ロシアから獲得した満州利権は日本が単独で経営する」と手のひらを返したのである。

これにアメリカ国民は激怒、アメリカ政府も、日本と満州をめぐって対立するようになった。すると日本は敵だったロシアと結んで、アメリカの満州進出を封じ込んだのだ。

日露戦争以後、アメリカが、満州などの中国領土に日本が勢力を伸ばすたびに強く非難するのは、じつはここに原因があったのである。また、アメリカ国内では黄禍論が吹き荒れ、日本人移民に対する差別がひどくなっていった。

日露戦争後、朝鮮を「保護国」にした伊藤博文の目的

日本は日露戦争中から、朝鮮半島を日本の勢力下に置こうと動いている。戦争勃発直後、半島での日本軍の行動の自由を認めさせ（日韓議定書の締結）、さらに第一次日韓協約を結んで日本政府が推薦する財政・外交顧問を韓国政府に登用させた。結果、韓国の財政顧問に目賀田種太郎《めがたたねたろう》大蔵省主税局長が、外交顧問には外務省に雇われたスティーブンス（アメリカ人）がそれぞれ就任した。

翌1905年、日露講和（ポーツマス）条約でロシアが韓国に対する日本の指導・監督権を認めると、アメリカと桂・タフト条約、イギリスと第二次日英同盟を締結して、日本の韓国支配を容認させた。こうして列強諸国の了解をとりつけたうえで、翌年、元老の伊藤博文が特命全権大使として韓国へ出向き、第二次日韓協約の締結を求めたのである。

その内容は、韓国政府から外交権を奪い、首都漢城《かんじょう》に統監府《とうかんふ》という日本の組織を置いて、これに外交をゆだねるというものであった。

当然、韓国皇帝の高宗や韓国政府は強く反発した。しかし伊藤は、「これは日本政府の

確定案であり、もし受け入れないのであれば、韓国は困難な状況におちいるだろう」と述べ、日本軍に王宮を包囲させたうえで、閣僚一人一人に意見を述べさせるなどして脅しをかけ、強引に協約に調印させたのである。このため、韓国の重臣数人が抗議の自殺をし、韓国民も大いに憤慨《ふんがい》して各地で反日活動が活発化することになった。

翌年、統監府が設置され、伊藤がみずから進んで初代統監に就任、以後、韓国の外交をになうことになった。なお、統監は韓国に駐屯する日本軍に対する指揮命令権も付与された。これに対して長谷川好道《はせがわよしみち》韓国駐劄《ちゆうさつ》司令官は、「軍の統帥（指揮）権は天皇にあり、それを委任されているのが陸海軍であるので、韓国の統監が指揮権を有するのはおかしい」と陸軍大臣の寺内正毅《てらうちまさたけ》に不満をもらしたが、1906年正月、明治天皇が「統監に対して韓国駐劄軍を指揮する権限を与える」と陸軍大臣の寺内と参謀総長の大山巖に伝えたため、軍の反発は抑えられることになった。

伊藤博文は、四度総理大臣を経験し、元老として天皇の信頼の篤《あつ》い比較的リベラルな考え方の政治家である。韓国についても保護下におくべきと考えていたが、植民地にすることには反対していた。

保護国というのは「条約に基づき、他国の主権によって保護を受ける国。内政および特に外交について干渉・制限を受ける。国際法上の半主権国」（『広辞苑』第六版）をいう。対して植民地は、単なる本国の市場であり、資源供給地で、国家の主権を有さない完全なる属領であった。

伊藤は、韓国（朝鮮）人は潜在能力的に日本人に劣っておらず、日本のように西洋化（文明化）することで、近代化を遂げることができると信じていた。あくまで政治が悪く、民度が低いためにこのような状態になっているのであり、まずは教育に力を注ぎ、人びとの学識を高め、殖産興業に成功させることにより、世界の文明国にしようと考えたのである。

なお、教育については、韓国の伝統や風習を尊重すべきだとも主張している。

韓国人からも「日韓合併」を求める声が

ただ、保護下に置かれることは、もちろん韓国政府や韓国民にとっては受け入れがたい苦痛であった。主権を侵害され、かつて対等だった国の管理下に置かれるわけだから当然の思いだろう。

そこで韓国皇帝の高宗は、密かに抗日運動に支援をおこなうとともに、1907年、ハーグの万国平和会議に密使を送り、日本の不当支配を訴えようとしたのである。

皇帝の密使は、アメリカやイギリスなど列強の代表を訪ねて会議への参加を依頼したが、すでに日本が韓国を支配することを条約等で容認していたので、密使の要求は却下されてしまった。

この密使事件を知った伊藤統監は激怒、高宗を退位させ、その皇太子（高宗の長男）純《じゅん》宗《そう》を位につけ、第三次日韓協約を押しつけた。これにより、韓国は日本に内政権を奪われ、軍隊も解散させられることになった。

こうして、韓国はほとんど主権を失い日本の植民地のような状況におちいった。

国家の独立を回復するために、韓国では義兵運動（有志兵によるゲリラ活動）が始まった。とくに解体された韓国兵士が参加したことで、その数は十数万にのぼり、運動はますます活発化していった。このうち1万8000人ほどが戦死したが、日本側の犠牲者は百数十人にとどまっており、その被害は軽微といえた。

なお、この頃になってくると、一部の韓国民のなかから「日本と韓国を合併させよう」

よくわかる！　日韓併合への流れ

年代	事項
1894	東学党の乱をきっかけに日清戦争開始
1895	**閔妃暗殺事件**
1897	朝鮮、国号を「大韓帝国」に
1904	**日韓議定書の調印**
	第１次日韓協約の調印（日本政府推薦の財政・外交顧問をおく）
⇓	
1905	**第２次日韓協約の締結**（韓国の外交権を奪い、漢城に統監府をおく）
1907	**ハーグ密使事件おこる**
	第３次日韓協約の締結（韓国の内政権を奪い、韓国軍を解散）
	義兵運動が活発化
1909	安重根、伊藤博文（初代統監）を射殺
⇓	
1910	**韓国併合条約**（韓国併合）を結ぶ。国号を朝鮮にあらため、朝鮮総督府を設置する
1919	**三・一独立運動**、朝鮮全土に広がる
1945	日本が太平洋戦争に敗北し、植民地支配の崩壊

という運動が起こってくる。その中心となったのが、両班《リャンバン》（支配階級）の李容九《りようきゅう》である。

１９０４年、日本に亡命していた宋秉畯《そうへいしゅん》が帰国して親日団体・一進会《いっしんかい》を創設すると、李容九はその会長となり、１９０６年、韓国と日本が対等に合併すべきだという「韓日合邦」を主張するようになった。１９０７年、宋秉畯は李完用《りかんよう》内閣の国務大臣になって、親日政策を進めていくが、李容九の一進会も宋秉畯と提携して『国民新報』を発行し、「韓日合邦」運動を推進していった。一進会の会員はみるみる14万人にふくれ上がっていった。これは義兵に匹敵する数である。

ただ、李容九は、「弱小である韓国は、近いうちに他国の植民地に転落するしか道はない。ならば、積極的に韓国を日本と対等合併させ、日本を盟主とするアジア大国家を創設するか、あるいは韓国人が近代化に成功して将来再び一つの国家として独立しよう」と考えるようになる。そして１９０９年には統監の伊藤に対し、韓日合邦を自ら提案したのだ。

しかし伊藤は、韓国が日本と合併することに反対した。そこで李容九は、伊藤博文の傀儡《かいらい》である李完用内閣の倒閣運動を開始。内閣を倒してその責任を伊藤に負わせ、彼を統監の地位から引きずり下ろそうとしたのである。

この頃、桂太郎内閣でも日韓併合が話題に上るようになり、小村寿太郎外務大臣は同年3月、桂にたいし「対韓大方針」、「対韓施策大綱」を差し出して「韓国を併合することを閣議で決定してほしい」と求めた。これに同意した桂は、同年4月、伊藤が帰国したさい、小村とともに伊藤の説得にあたった。

伊藤は、抗日運動の高揚と一進会の倒閣運動によって、韓国支配がうまくいかない状況に嫌気がさしたのか、あっさりと韓国併合に同意したのである。こうして日本政府は7月、韓国を併合することを閣議決定した。

なお、伊藤はその前月に統監を辞任している。

だが、伊藤は韓国人から怨みを買い、まもなくハルビンにおいて民族主義者の安重根《アンジュングン》(韓国人青年)に射殺されてしまった。

翌１９１０年、日本と韓国の間で韓国併合条約が締結され、韓国皇帝は天皇に永久に統治権を譲るとし、韓国は完全に日本の植民地となったのである。

もちろん、これは李容九が望んだ対等合併ではなかった。失望した李は、それから2年後、この世を去った。

朝鮮を清国から切り離し、近代化をさせて共にロシアの南下を防ぐという１８８０年代の日本政府の方針は、日露戦争に勝って強国になったことで、大きく変容したのである。

サンフランシスコ平和条約では日本の領土だった竹島

日露戦争中の1905年、日本政府(桂太郎内閣)は、隠岐島《おきのしま》から北西158キロに浮かぶ小島を「無主の島」であると結論づけ、国際法に基づいて日本領に編入することに決定した。そして、同年2月の島根県告示によって、この島は島根県の所管となったのである。

このとき島根県は、島名を正式に「竹島《たけしま》」と命名した。いっぽう韓国では現在、独島《ドクト》と呼称している。この竹島(独島)をめぐっては、長い間、日韓で領有権を争っているのは周知のことだろう。

この日韓の領土問題について、その経緯を語ろうと思う。

竹島を日本領に組み入れるきっかけをつくったのは、隠岐で漁業を営む中井養三郎《なかいようざぶろう》の訴えにあった。中井は1903年に竹島に小屋を建てて鮑《あわび》などを捕っていたが、翌年、政府に対して「竹島を日本領とし、私に貸し下げてほしい」という願書を提出。これが取り上げられ、竹島は日本領となったのだ。

同年には島根県の視察団が竹島を訪れて調査し、さらに韓国の支配地である鬱陵島《うつりょうとう》へ向かい、島の役人（鬱島郡守）沈興澤《ちんこうたく》と会見、竹島を日本の領土に編入した旨を通告した。沈興澤は、この事実を報告書にしたためて韓国政府に通報。これに対して韓国の閣僚たちは大いに反発したものの、日本政府に正式に抗議することはしなかった。このため、以後、竹島は日本の領土になった。

竹島をめぐって日韓の領土問題がこじれるのは、太平洋戦争後のことであった。

韓国政府は戦後、竹島は韓国の領土であり、日本からの独立後は韓国領になるべきだと主張。1905年に日本領となったとき、韓国政府が異議を申し立てなかったのは、「日本の保護国にされつつあるなか、とても抗議できる状況になかったからだ」と主張した。では、竹島は日本人と韓国人（朝鮮人）のどちらが先に居住していたのか。

じつはどちらでもないのだ。竹島は女島（東島）、男島（西島）という峻険な二つの島を中心とした岩礁であり、とても人が住むことができる環境ではなく、ずっと無人島だったのだ。ではどちらが先にこの島を発見し、領有を宣言したのか。

これについては、両国の学者や政府が近世のさまざまな文献を都合のよいように解釈して、互いに譲らない。韓国などは「6世紀の新羅《しらぎ》時代（古代）、すでに竹島は于山島《うざんとう》と呼ばれ、新羅に服属していた」とさえ、主張する。ただ、こうした近世以前の文献については、そもそも国境という概念自体がなかったのだから、それを根拠に自国の領土だと主張することは、まったく意味を持っていない。

やはり国家という西洋の概念が確立する19世紀後半以降について議論すべきだろう。

1905年、日本ははっきり竹島の領有を宣言し、それに対して韓国はとくに異議をとなえなかった。この事実は、重要であろう。まだこの時点では韓国は日本の保護国とはいえず、日本の竹島領有に異をとなえることは可能であったはず。

ただ韓国の学者のなかには、次のように主張する人がいる。1900年、韓国は竹島に近い鬱陵島を鬱島と改名、島監を郡守とした（大韓帝国勅令41号）が、郡守が管轄する地域を「鬱陵全島と竹島石島」とした。その「石島」が現在の「独島」のことで、領有は韓国のほうが早いというのだ。ただ、ならばなぜ「独島」や「于山島」の名称を用いず、「石島」と明記したのか、本当に石島は、竹島（独島）のことなのか、という疑問が残る。

そういった意味では、やはり竹島は国際法上、日本領とするのが正しいと考える。

じっさい、後に詳しく述べるが、太平洋戦争で敗北した日本が1951年に結んだ講和条約（サンフランシスコ平和条約）でも、竹島は日本領とされたからである。

ところが、である。

1952年1月18日、韓国大統領・李承晩《りしょうばん》は、にわかに「海洋主権宣言」をおこない、一方的に竹島を含む広大な海域に境界線を引いて、その内側は「韓国が漁業管轄権を有する水域である」と宣告したのである。これを「李承晩ライン」と呼ぶが、明らかに国際法に違反する行為であった。

もちろん日本側は李承晩ラインの存在を認めず、竹島で漁業をしていた韓国の漁民に対し、海上保安庁の船は退去を求めた。すると、韓国側が船に銃撃を加えてきたのである。さらに韓国は、沿岸警備隊を竹島に派遣し、島に灯台や宿泊施設など恒久的な建物をつくりはじめた。

こうした不法行為に対し、日本政府は韓国に「国際司法裁判所において、この領土問題に正式な決着をつけよう」と共同提訴を提案。直近では2012年にも韓国側へ打診したが、韓国はその主張を黙殺した。

なお、それからも竹島をめぐっては日韓での小競り合いがたびたび起こり、李承晩ライン内で操業する日本漁船が韓国側から銃撃を受けたり、船が次々と拿捕《だほ》され多くの漁師が韓国に拘束される事態が発生した。その数はなんと3000人近くにのぼり、なかには牢獄で餓死する人も出た。

こうした韓国の断固たる実効支配によって、日本は竹島に対してまったく手出しができない状態となり、そのまま現在に至っているのである。

アメリカのあいまいさが招いた竹島問題

それにしてもなぜ、韓国はこのような強引な行動に出たのだろうか。

じつは、1951年のサンフランシスコ平和条約にその直接的な原因がある。この条約を締結した日本は、翌年、連合国の占領下から独立して主権を回復することになったが、条約では前述のとおり「竹島（独島）は日本領」と規定されていた。日本の独立は1952年4月28日、そこで焦った韓国が、その2ヵ月前の1月18日に「海洋主権宣言」をおこない（李承晩ライン）、海域から日本の漁船を駆逐するという行動に出たのである。

これより前、韓国政府は、サンフランシスコ平和条約の草案が明らかになった段階で竹島が日本領に含まれていることに強く反発し、条約起草の中心的人物であったアメリカ国務長官顧問ダレスに、独島（竹島）を韓国領とするよう修正を要求していた。

韓国がそう主張するには、理由がある。

日本を占領統治していたＧＨＱ（連合国軍総司令部）は、１９４６年、日本の行政範囲を定めた覚書（ＳＣＡＰＩＮ第６７７号）、いわゆる「マッカーサー・ライン」において、竹島を日本領から除外していたからだ。このマッカーサー・ラインを根拠に、韓国政府はダレスに抗議を申し入れたのである。

そうしたこともあり、アメリカは竹島に関する調査をおこなったが、結論からいえば、「日本の領土主張のほうが古く、竹島が韓国の領土として扱われた事実はない」と韓国の言い分を認めなかった。そのため韓国政府は、李承晩ラインを引くという強硬手段に出たのである。

さらにいえば、少々複雑ではあるが、サンフランシスコ平和条約の草案をつくる初期段階では、竹島は韓国の領土になっていたのだ。だが、東アジアに北朝鮮や中華人民共和国という社会・共産主義国家が誕生していくなかで、「日本を自由主義国家として再生させ、東アジアにおける共産主義の防波堤にするため、日本の領土を厳しく限定するべきではない」という意見がアメリカ政府内で強まり、竹島は日本領にすることにしたのである。

ただ、李承晩ラインが引かれたとき、アメリカ政府は、韓国に抗議したり国際司法裁判所への提訴を提案したものの、自ら中心となって竹島問題を解決しようという動きは見せなかった。それもやはり、韓国を自由主義陣営に引きとどめておくためだった。

このように竹島問題は、アメリカの竹島についての態度のあいまいさ、ひいては冷戦構造と大きく関わっていたのである。

その後韓国政府は、自国民に対して「独島（竹島）は、固有の領土である」と熱心な学校教育をおこない、国民全体に自領として広く周知させていった。

いっぽう日本政府は、日韓の国境問題にはあまり熱心ではなかったし、学校でも竹島について教わった記憶がある人はほとんどいないだろう。

そうしたこともあり、島根県は2005年、条例で「竹島の日」を制定した。ちょうど1905年に竹島を日本領にしてから100年が経つので、それを記念したのである。

このニュースが韓国国内で流れると、韓国民の多くは憤慨し、マスコミも大々的に取り上げ、韓国民の対日感情は悪化した。

この韓国の反応を知った日本人も、一時韓国に対する印象を悪化させることになったが、当時は『冬のソナタ』や『東方神起《とうほうしんき》』など韓国ドラマやK-POPが人気で、韓流《はんりゅう》ブームが起こっており、むしろ韓国に親近感を抱く女性が増えていった。

しかし2012年8月、李明博《イミョンバク》大統領が韓国の大統領として初めて閣僚を連れて竹島に上陸する。これは、いわゆる従軍慰安婦問題の解決を日本政府に求めても、それが進まないことに対する不満、大統領関係者の相次ぐ不祥事からの支持率低下を防止するための演出であったと思われる。さらにこの直後、李明博大統領は、天皇が韓国の植民地支配に対して謝罪すべきだと発言、これにより日韓関係は極度に悪化することになった。

いずれにせよ、現在も竹島をめぐる領土争いには決着がついていない。日本政府も近年、さらに竹島の領有権をはっきりさせる方向で動いており、文部科学省の新学習指導要領の解説書にも「竹島が日本領であるという理解を深めさせる」と明記、これにより、中学校社会科の地理の教科書すべてに竹島が掲載され、公民分野でも七社中六社が竹島を取り上げることになった。

この竹島問題は、今後も日韓の外交関係で大きな阻害要因となっていくことだろう。

日本が第一次世界大戦に参戦した真の狙い

新興国ドイツは、1880年代半ばからアフリカや太平洋の南洋諸島に植民地を持つようになり、やがて膠州湾《こうしゅう》を清国から租借して青島《チンタオ》を拠点に山東半島にも力を伸ばしはじめた。海軍も大拡張してイギリスと競い合うようになり、バグダード鉄道の建設を強力に進め、ベルリン―ビザンティウム（イスタンブール）・バグダードを結ぶ3B政策を展開してイギリスの3C政策（カイロ―ケープタウン―カルカッタを鉄道で結ぶ植民地政策）に対抗した。

この頃、オスマン帝国の支配力が衰えたバルカン半島では、さまざまな民族が次々と独立国家を作り上げ、互いに争うようになっていた。ヨーロッパの大国であったドイツは、オーストリア、イタリアと三国同盟を結び、バルカン半島においても三国協商を結んだイギリス・フランス・ロシアと競い、半島に影響力を与えようとしていた。

このため、バルカンという紛争半島は、「ヨーロッパの火薬庫」と呼ばれていた。

そんな1914年6月、ボスニアの州都のサライェボで、オーストリアの帝位継承者夫妻がセルビア人青年に暗殺された。

このためドイツの支持を得てオーストリアは、セルビアに宣戦布告した。するとロシア、イギリスなど三国協商側（連合国）もドイツ、オーストリアに宣戦、やがてアメリカや三国同盟から離脱したイタリアも連合国側に加わり、第一次世界大戦に発展したのである。このとき日本は、日英同盟のよしみで参戦の意向をみせた。イギリスも東シナ海でのドイツ海軍を抑えるため、当初は日本に対して限定的な参戦を求めた。けれど、日本が戦いに積極的なことを知ると、むしろ日本の参戦に消極的になっていった。

大戦が始まると元老の井上馨《いのうえかおる》は、第一次世界大戦は「日本国運の発展に対する大正新時代の天佑《てんゆう》（天の恵み）にして、日本国はただちに挙国一致の団結をもって、この天佑を享受せざるべからず」と大隈重信首相に書翰《しょかん》を送っている。

当時の日本は、日露戦争後の疲弊から立ち直ることができず、国民や政党は営業税や通行税、消費税の廃止を求めて大隈内閣を突き上げていた。日本が参戦することで、そうした政争が中断でき、外交上、経済上、さまざまな利益が享受できると井上馨は考えたのである。

かくして日本はドイツに宣戦布告し、第一次世界大戦に参戦した。そして日本陸軍はドイツが中国大陸での根拠地にしていた山東省の青島を占領した。一方、海軍は赤道以北のドイツ領南洋諸島の一部を制圧したのである。

大戦は、ヨーロッパを主戦場とする未曾有《みぞう》の激戦であったため、列国は東アジアに関心を向ける余裕を失っていた。それをいいことに時の大隈重信内閣は、加藤高明《かとうたかあき》外相が中心となって、中華民国の袁世凱政府に対して二十一ヵ条の要求を突きつけたのである。その内容には、山東半島でのドイツ利権の継承、満州における日本の利権拡大のほか、かなり無茶な要求が数多く盛り込まれていた。

当然、袁世凱は難色を示したが、日本は「中国政府に日本人の財政顧問、軍事顧問を招く」、「必要な地の警察を日中合同とする」といった要求を引っ込めたうえで、最後通牒を突きつけた。戦争も辞さない構えをみせたわけだ。

列強諸国が干渉してくれることに期待していた中国だったが、むしろイギリスなどは日本と妥協するよう進言してきたため、袁世凱は仕方なく日本の要求を受け入れたのである。

この強引なやり方に中国の人びとは大いに反発し、要求を受諾した5月9日を国恥記念日と呼んで反日運動を展開していった。

よくわかる！
第一次世界大戦前の国際関係

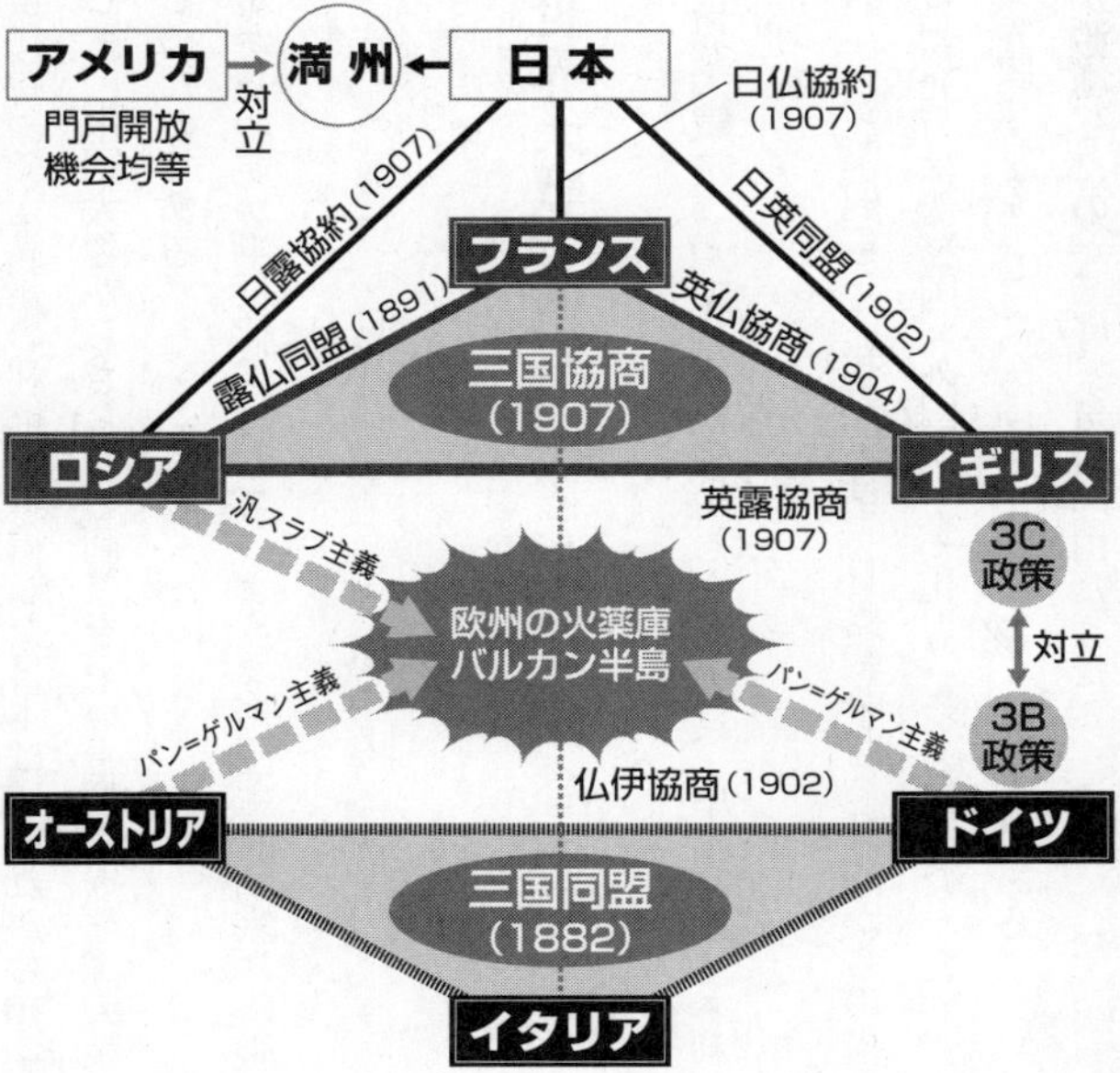

日露戦争に勝って南満州の利権を獲得した日本は、それから10年後、列強と同じ帝国主義国家として、中国大陸からさらなる利益を吸い上げようと、大戦の混乱を利用して大胆に動きはじめたのである。

明治維新からわずか半世紀、誰がこのような帝国主義国家に膨張した日本の姿を想像したろうか——。

第一次世界大戦で債務国から債権国へ

第一次世界大戦によって日本が獲得した利益は、中国に対する利権強化だけではなかった。経済的利益も享受することができた。

前述（94ページ）のように我が国は、日露戦争時に外国からの借金で戦ったため、第一次世界大戦勃発時は債務国（外国から金を借りている国）だったが、大戦が終わったときには債権国（外国に金を貸している国）に変わっていたのである。

輸出量が激増したのが、好景気の理由だった。

戦争が始まってから1年間は、混乱によって輸出は減少し、生糸や綿糸などの輸出主力品の価格も暴落したが、やがてヨーロッパへの軍需品の輸出が急拡大。さらに、本国が戦争をしているため、ヨーロッパの企業が中国や東南アジアから撤退、それにかわって日本の企業がアジア市場へ大量に製品を輸出するようになったのである。

ヨーロッパにかわってアジアへの供給を満たせるのは日本だけだったからだ。

日清戦争後に軽工業分野で産業革命を経験した日本は、日露戦争後に重工業分野でも産業革命が起こっていた。１９０１年に創業した官営の八幡《やはた》製鉄所は、日露戦争後に鋼材の生産を軌道に乗せ、機械分野では池貝《いけがい》鉄工所がアメリカ式旋盤の完全製作に成功。また、三菱長崎造船所の技術力は世界水準に達していた。

そうした工業力を持っていたからこそ、好景気の波に乗ることができたわけだ。

１９１５年から１９２０年まで大戦景気が続くが、この間、続々と企業が勃興し、成金と呼ばれるような大成功を収める起業家も出る。たとえば内田信也《うちだのぶや》は、三井物産を退職して兄から借りた2万円で１９１４年に海運業をはじめたが、わずか3年後、なんと資本金は１０００万円に増え、所有する船は17隻となり、資産は６０００万円を超えたのだった。

ただ、こうした経済的な繁栄を謳歌《おうか》できた遠因として、明治末に不平等条約が改正され、日本が列強諸国と対等な条件で交易できるようになったことも理解しておく必要がある。

1858年、江戸幕府は列強諸国から不平等条約を押しつけられた。日本人は外国人を裁くことができず（治外法権の容認）、関税も自由に決められなかった（関税自主権の欠如）。

そこで、歴代の外務大臣が条約改正交渉を進めてきたが、なかなかうまくいかなかった。寺島宗則《てらじまむねのり》外務卿は、1878年に関税自主権（税権）の回復をアメリカに了解させたものの、イギリスとドイツの反対で改正に失敗した。

続く井上馨外相は、「外国人を裁くときには外国人判事を任用する」ということを条件に、治外法権（領事裁判権）を撤廃して法権を回復しようとしたが、「姑息《こそく》なやり方だ」と内外から批判され、辞任を余儀なくされた。

次の大隈重信外相は徹底した秘密主義で改正交渉に臨んだが、「大審院（最上級の裁判所）に外国人判事を任用する」という妥協案がマスコミに漏れ、反対派に爆弾を投げつけられて負傷、交渉は挫折してしまった。

よくわかる！　条約改正の交渉経過

担当者	交渉の内容及び経過・結果
岩倉具視（右大臣）1872	・条約改正の予備交渉するが、相手にされず断念
寺島宗則（外務卿）1873〜79	・関税自主権の回復を交渉 ・米との交渉には成功するが、英・独の反対により失敗
井上馨（外務卿・外務大臣）1879〜87	・**外国人判事の任用**と**内地雑居**を条件に治外法権の撤廃と関税率の引き上げを交渉 ・極端な**欧化政策**を展開（**鹿鳴館時代**） ・**ノルマントン号事件**により国民の反対 ・政府内でも反対 ・民権派も**三大事件建白運動**で非難 ・条約改正会議は無期延期となり、井上は外相を辞任
大隈重信（外務大臣）1888〜89	・大審院への外国人判事任用を条件に国別に秘密交渉 ・米・独・露との交渉に成功するが、「ロンドン＝タイムス」で交渉内容を知った国民が反対 ・大隈、右翼の爆弾テロで負傷。交渉は中断
青木周蔵（外務大臣）1889〜91	・治外法権について英と交渉 ・英との交渉に成功するが、**大津事件**により外相を辞任
陸奥宗光（外務大臣）1892〜96	・治外法権の撤廃について英と交渉 ・**日英通商航海条約**に調印。**治外法権**の撤廃・最恵国待遇の相互平等・関税自主権の一部回復を達成 ・列国とも改正に成功
小村寿太郎（外務大臣）1908〜11	・関税自主権の回復を交渉 ・日英通商航海条約で **関税自主権を回復** ・列国とも改正に成功

続く青木周蔵《あおきしゅうぞう》外相は、1891年、一番の難敵であったイギリスに法権回復を同意させた。ところが大津《おおつ》事件（ロシア皇太子暗殺未遂事件）のために辞任、改正条約を結ぶことができなかった。ようやく陸奥宗光外相によって1894年、法権が回復したのだ。ただ、税権の回復は、小村寿太郎外相の1911年まで待たなくてはならなかった。

そしてそれから3年後、第一次世界大戦が勃発したのである。もし日本が自由に関税をかける権利を認められていなければ、これほどの経済的利益は享受できなかったろう。

世界大戦では、アメリカへの生糸輸出量も激増、世界的な船舶不足によって船や鉄鋼の生産も伸び、船の運賃が急上昇した。このため、造船業・鉄鋼業が急成長して「船成金《ふねなりきん》」と呼ばれるにわか金持ちがこの業界に多数生まれた。また、ドイツからの薬品や化学肥料が途絶えてしまったので、化学工業が国内で勃興することになった。

創業の急増や好景気によって株式の取引が過熱化していった。

ただ、あくまで大戦景気は、戦争による好景気であり、1919年に大戦が終結すると、翌年から輸出が急減、それに連動して企業の業績も悪化、株式も暴落してしまい、日本経済は戦後恐慌に見舞われた。

1923年には関東大震災によって首都圏に大きな被害が出て、震災恐慌が発生。戦後恐慌と震災恐慌で多数の不良手形（震災手形）を保有する銀行の経営が悪化、1927年には金融恐慌が起こっている。

ただ、そうしたなかで、1920年代の日本社会は、急速な近代化を遂げていった。都市に人口が集中し、電力が普及、鉄道・地下鉄や道路が整備され、駅のターミナルにはデパートやショッピングセンターが建ち並ぶようになり、郊外には田園調布《でんえんちょうふ》のような高級住宅もつくられ、事務系のサラリーマンが急増していった。女性の職場進出も進み、明治期のような女工が存在するいっぽう、高学歴の女性たちのなかには事務系の職場で働く人も現れた。電話交換手、タイピスト、小学校の教員、バスの車掌、美容師などとして活躍する女性たちも出てきた。

このように、1920年代、日本の経済も当時の先進国に肩を並べるようになったのである。

桂内閣、組閣50日で瓦解。民衆が内閣を倒す時代の到来

20世紀が近づくと、政治的にも成熟が見られるようになった。

１８９４年に日清戦争がはじまると、帝国議会で藩閥政府と対立してきた自由党や立憲改進党など民党（反政府系政党）勢力は、政府に協力するようになった。戦争に勝つために日本人全体が一致団結しなくてはならないと考えたからだ。藩閥勢力は、戦後、民党の協力でスムーズに政治がはかどったことから、いっそうの連携を強めていく。

第二次松方正義内閣は１８９６年、進歩党（立憲改進党の後進）と手を組み、党首の大隈重信を外相として入閣させた。続く第三次伊藤博文内閣では自由党が与党となった。しかし自由党は、伊藤が地租《ちそ》増徴案《ぞうちょうあん》を議会に提出したことに強く反発、１８９８年に伊藤内閣から離れて進歩党と合併して憲政党をつくった。議会の3分の2を制する巨大政党の誕生である。

このため伊藤は内閣を総辞職、明治天皇はためらいを見せたものの、最終的に憲政党を率いる大隈重信に組閣の大命をくだした。かくして大隈を首相、板垣退助を内相とする日

本初の政党内閣（隈板《わいはん》内閣）が誕生したのである。残念ながらこの内閣はわずか4ヵ月で派閥抗争によって崩壊するが、アジアにおける政党内閣の誕生は画期的なことであった。

１９００年には伊藤博文が立憲政友会という政党を創設、同党を与党として第四次内閣をつくった。藩閥のリーダーである伊藤が政党を組織するなど、10年前には考えられないことであったろう。

明治の後半10年間は、閥族《ばつぞく》（官僚・軍閥）を背景とする桂太郎と立憲政友会総裁の西園《さいおん》寺《じ》公望《きんもち》が、交代で政権をになう時期が続いた。これを桂園《けいえん》時代と呼ぶ。

１９１２年、明治天皇が崩御し、大正天皇が即位する。こうして大正時代が始まったが、時の首相は西園寺であった。この第二次西園寺内閣は、経済不況のため行財政整理を断行しており、軍事予算も大胆に削減しようとした。

ところが元老の山県有朋（陸軍閥の長）や陸軍は、辛亥《しんがい》革命で清朝が倒れた影響が植民地の朝鮮に波及しないよう、2個師団の増設を内閣に要求したのである。

しかし、西園寺はそれを聞き入れなかった。すると山県ら陸軍閥は、陸軍大臣の上原勇《うえはらゆう》作《さく》を単独で辞任させ、後任を推薦しなかった。

当時は、軍部大臣現役武官制という制度があり、「軍部（陸・海軍）大臣は現役の中将・大将に限る」とされ、軍が該当者を推薦することになっていた。つまり推薦者を軍から出してもらえなければ、内閣を維持することができないのだ。

山県ら陸軍閥は、あえてこのような嫌がらせをすることで、西園寺に2個師団の増設を認めさせようとしたのだった。

ところが西園寺は、あっさり内閣を投げ出してしまった。これは陸軍閥にとって、予期せぬ出来事だった。

じつは西園寺は、立憲政友会の党勢を拡大できるチャンスだと判断したのだ。「陸軍のストライキ」という横暴に国民は大いに激怒しており、この民意を背景に西園寺は党の支持を集めようと考えたのである。

実際、憤慨する国民を前に、次の首相のなり手はなかなか決まらなかった。組閣を打診されると、該当者はいずれも固辞した。このため元老の間から西園寺内閣を崩壊させた山県に対する批判が集まり、仕方なく70歳を過ぎていた山県が責任をとるかたちで内閣を組織しようと動きはじめた。

このとき救いの手をさしのべたのが、山県の子分であった桂太郎だ。桂は二度の首相を経験した後、内大臣兼侍従（宮中における天皇の補佐役）となっていたが、三度目の内閣を

よくわかる！　第一次護憲運動

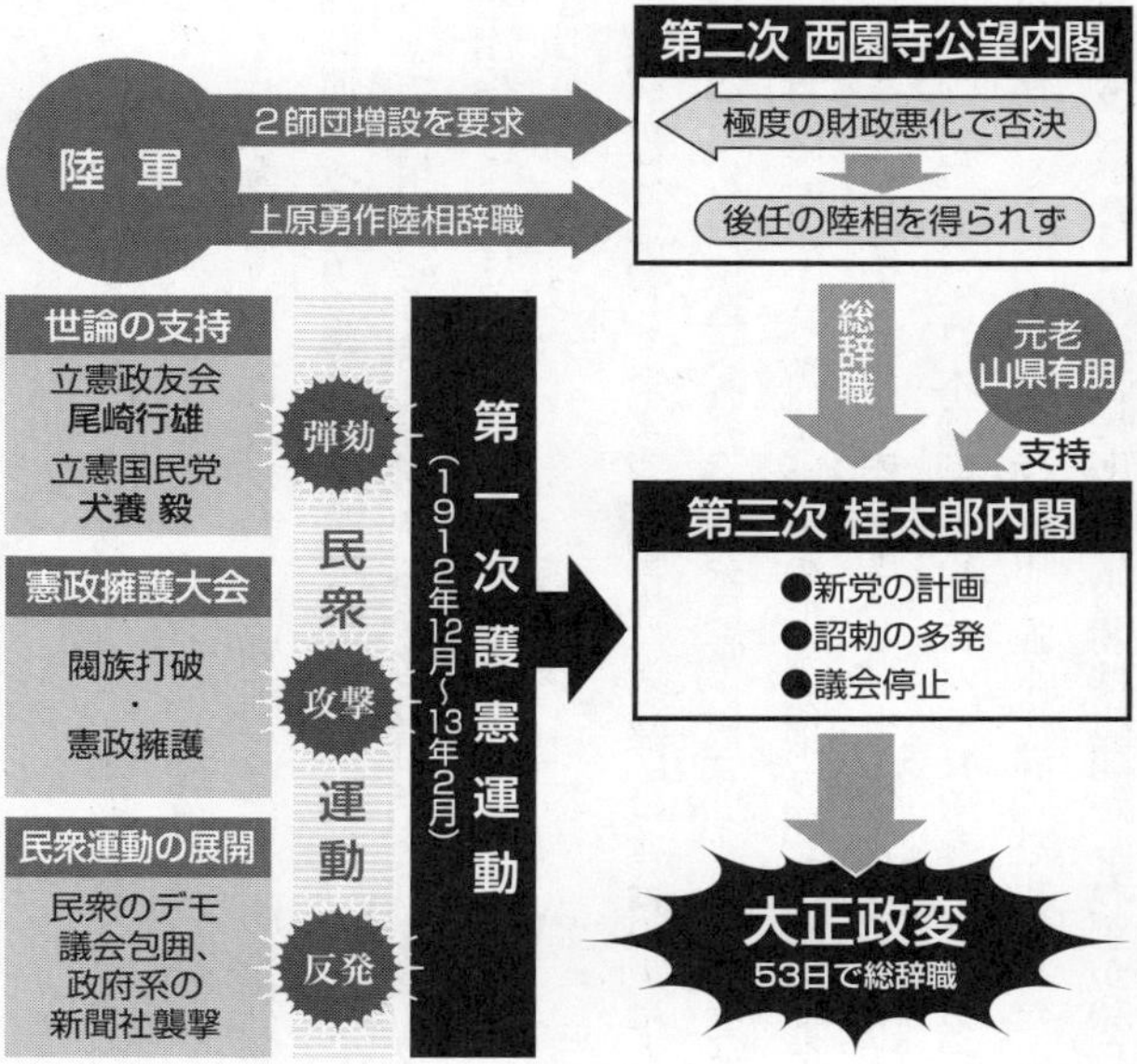

組織したのである。

すると国民の間から「いったん政治家を引退して宮中に入ったのに、すぐに政治の世界に戻ってくるなんて、宮中と府中（行政）の別を乱す行為だ」と轟々《ごうごう》たる非難の声があがった。これに力を得た立憲政友会と立憲国民党は「閥族打破・憲政擁護」をスローガンに、倒閣運動（第一次護憲運動）を開始した。

すると桂首相は記者会見を開き、「政党内閣が良いというのなら、私が過半数を超える新党を旗揚してみせる」と宣言したのである。

ところが、である。

桂の呼びかけに応じて集まった議員は衆議院の4分の1にも満たなかったのだ。これにより桂は窮地に追い込まれた。議会は常に混乱するようになり、議事堂のまわりには、「桂よ、総辞職せよ！」と叫ぶ数万の群衆が取り囲む異常事態となった。

「このままでは群衆が議事堂内に乱入し、もし警官隊と衝突することになれば、激昂《げっこう》した民衆が暴動を起こし、日本は内乱状態になるだろう」そう危惧したのが大岡育造《おおおかいくぞう》衆議院議長であった。そこで大岡は、桂首相に強く総辞職をすすめたのである。

桂首相もついにこの進言に応じ、内閣は組閣からわずか50日余りで瓦解した。これを大正政変と呼ぶが、民衆の力によって内閣が倒れる時代が到来したわけだ。

ただ、当時は元老が次の総理を決めていたので、桂首相の後任には、海軍閥のリーダー・山本権兵衛《やまもとごんべえ》が選ばれた。国民はこれに不満を持ったが、なんと、桂内閣打倒の中心となった立憲政友会が、自分たちの政策を実現することを条件に、山本内閣の与党として協力することにしたのである。

国民は大いに失望し、再び倒閣運動を開始する。ちょうどそんなおり、海軍の汚職事件（ジーメンス事件）が明るみに出た。このため結局、山本内閣は短期間で総辞職に追い込まれた。そこで元老たちは、仕方なく国民に絶大な人気があった大隈重信を首相に登用、どうにか国民を納得させることに成功した。

民衆が主役になった大正デモクラシー

このように大正時代になると、民衆が大きな力を持つようになり、民主主義的風潮ががぜん強くなった。歴史用語でいう大正デモクラシーの到来である。

この時期、東京帝国大学教授である吉野《よしの》作造《さくぞう》の説いた民本《みんぽん》主義（民主主義）が国民の支持を得、同じく同大の美濃部《みのべ》達吉《たつきち》が主張する天皇機関説《てんのうきかんせつ》も知識人に多大な影響を与え、「政党内閣こそが最高の政治形態だ」とする考え方が一般に広まった。

そんな1918年、日本は大戦景気を迎えていたが、1980年代後半のバブル景気同様、好景気のときは物価が高くなる。さらに世界大戦中にロシア帝国が崩壊してソビエト政権が誕生。列国はソビエト政権を牽制するため、シベリアへ出兵することになり、日本もこれに参加することが決まる。すると、米価が高騰、それにつれて諸物価も暴騰した。このため、富山県の主婦の騒動をきっかけに、生活が苦しくなった庶民が各地で米屋や商店を襲う大規模な暴動が発生した。この米騒動のさい、寺内正毅内閣は、軍隊を派遣して米騒動を抑え込もうとした。寺内は軍人（陸軍）の出身だった。こうしたこともあり、この行為は国民から大きな非難をあび、総辞職に追い込まれたのである。

第一次世界大戦終結後、さらに日本の民主主義的風潮は強くなる。

1918年、第一次世界大戦は連合国側（イギリス・フランス・アメリカ・日本など）の勝利で終止符が打たれ、翌1919年、大戦の講和会議がパリで開かれ、日本も全権として西園寺公望らを派遣した。

よくわかる！　選挙制度の推移

選挙法の公布	年	1889	1900	1919	1925	1945
	内閣	黒田清隆	山県有朋	原敬	加藤高明	幣原喜重郎
選挙区制		小選挙区	大選挙区	小選挙区	中選挙区	大選挙区
実施年		1890	1902	1920	1928	1946
有権者の資格	直接国税	15円以上	10円以上	3円以上	制限なし	制限なし
	年齢・性別	25歳以上男子	25歳以上男子	25歳以上男子	25歳以上男子	20歳以上男女
有権者数	(総人口比)	45万人(1.1%)	98万人(2.2%)	307万人(5.5%)	1241万人(20.8%)	3688万人(50.4%)

会議では、ドイツが植民地を没収され領土の一部も割譲、軍備を厳しく制限されたうえ莫大な賠償金を課せられることになった。講和の場所は、パリ郊外のヴェルサイユ宮殿だったため、第一次世界大戦の講和条約をヴェルサイユ条約と呼ぶが、戦勝国だった日本も山東半島のドイツ利権を継承し、英・米とともに国際的にも指導的な地位に立った。

なお、パリ講和会議の席でアメリカのウィルソン大統領が国際平和と民族自決をとなえ、国際的な平和維持機関の設立を提案、それが採択されて1920年に国際連盟が創設された。このとき日本は、イギリスやフランス、イタリアと並んで国際連盟の常任理事国となった。これにより、名実ともに世界から大国と認められたのである。

いずれにしても、大戦が史上初の大量殺戮を招いたことで、人類全体が国際協調や平和を重要視する風潮が起こった。

国内においても労働組合の全国組織である日本労働総同盟、共産主義を標榜《ひょうぼう》する日本共産党、小作人の支援する日本農民組合、女性の解放を主張する新婦人協会、被差別部落の差別撤廃をとなえる全国水平社などの団体が続々と結成され、社会運動が盛んになったのである。

こうした大正デモクラシーの風潮のなかで、第二次護憲運動は起こった。1924年、清浦奎吾《きようらけいご》が閥族や貴族院を勢力とした超然内閣を発足させた。

政党勢力はこの内閣を打倒するため、護憲三派（憲政会、立憲政友会、革新倶楽部）を結成して「政党内閣実現、普通選挙断行、減税実施」をスローガンに倒閣運動（第二次護憲運動）をはじめた。清浦は議会を解散して総選挙をおこなうが、護憲三派の勝利に終わり、清浦内閣は総辞職したのである。護憲三派は、憲政会総裁の加藤高明を首相として内閣を組織し、1925年には公約であった普通選挙法を成立させた。

25歳以上の男性全員に選挙権を与えるというものだ。ただ、共産主義者の当選を危惧する声に配慮し、共産主義を取り締まる治安維持法も同時に成立させた。しかし、1928年に普通選挙がおこなわれると、なんと無産政党（合法的な社会主義政党）から8名もの当選者が出てしまい、なかには非合法に成立した共産党関係者も含まれていた。このため、時の田中義一《たなかぎいち》内閣に衝撃を与えることになった。

ともあれ、1910年代後半から1920年代に、日本は政治的にも世界の強国と同様、ほぼ国民が主権を持つような政治的成熟を迎えたのである。

植民地朝鮮で起きていた悲しい差別の構図

1919年、朝鮮で日本からの独立運動が起こった。大戦のパリ講和会議のさい、ウィルソン大統領が民族自決をとなえ、東欧地域が次々と独立していった。こうした状況に触発され、世界中の植民地においても、独立運動の熱が高まった。そうした流れのなかで日本に併合された朝鮮半島でも独立運動がはじまったのだ。

1910年に大韓帝国（韓国）を植民地にした日本は、統治機関として朝鮮総督府をおき、初代総督に武官（陸軍大将）の寺内正毅をすえた。また、韓国という国号を廃し、朝鮮にもどした。

朝鮮総督府では武断政治を展開して、徹底的に義兵運動を弾圧、朝鮮人の反日的な言動をきびしく取りしまった。さらに、土地の所有権を明らかにして地税を確実に徴収するため、土地調査事業を開始した。明治初期の地租改正事業にあたるものであり、事業は1918年にようやく終了した。ただ、土地の所有を認められるには、自分で所有している事実を申告する必要があり、申告がない場合、国有地に編入されてしまった。さらに、土地所有を証明する証書を持たない農民の土地も容赦なく没収された。その結果、多くの農民が土地を失い、没落することになった。

いっぽう日本国内からは朝鮮半島への移民が奨励され、安く簡単に耕地を取得できたこともあり、日本人が多く半島へ移り住むようになった。政府の統計によると、1910年末に17万1543人だった移住者は、わずか4年後に29万1217人に増え、さらに5年後の1919年、なんと34万6619人に激増している。

朝鮮に移住した日本人の多くは、朝鮮人に対して横暴な態度をとった。少しでも気にくわないと、平気で朝鮮人を殴る日本人もいたという。ただ、そうした半島移住の日本人もまた、日本国内では下層に属する人びとであって、差別的な扱いを受けてきた者たちが多かった。差別されていた者が新天地において差別する側に立つという、悲しい構図が存在したことも知っておきたい。

植民地に転落した朝鮮の人びとのなかには、アメリカのウィルソン大統領がとなえる「どんな民族でも、他民族や他国家に干渉を受けることなく、自らの将来を自由に選択し、決定できる」という民族自決の主張に大いに感銘を受ける者が少なくなかったのである。

軍隊まで出動させた三・一独立運動とその後の変化

1919年2月8日、日本に留学している朝鮮人の学生たちが、独立宣言文を日本の議会や閣僚、各国の大使たちに郵送、東京朝鮮YMCAの講堂に留学生を多数集め、「朝鮮青年独立団」の結成を宣言、独立宣言文を満場一致で採択した。

警察によってリーダーたちは検挙され9名が逮捕されたが、これに触発された朝鮮の宗教家などが中心になって、独立宣言を発表しようとする動きが起こった。3月1日、ソウルのパゴダ公園において、独立宣言を朗読する学生集会が開かれた。当日、公園には数万の人びとが集まったという。

「吾らはここに、我が朝鮮が独立国であり朝鮮人が自由民であることを宣言する。これを以《もっ》て世界万邦に告げ人類平等の大義を克明にし、これを以て子孫万代に告げ民族自存の正当な権利を永久に所有せしむるとする」

そのときの独立宣言の一節だ。主権を奪われた亡国の民の、心の叫びの声であった。

これをきっかけに、朝鮮半島北部で日本からの独立を求める運動が広がっていった。これを三・一独立運動あるいは、万歳事件と呼ぶ。朝鮮の人びとが「独立万歳」を叫んでデモ活動を展開したからである。主導したのは教師や学生、都市知識人などが中心で、リーダーたちは「大衆化、一元化、非暴力」の三原則を運動の方針に掲げた。

日本政府は、警察や憲兵などを動員して独立運動を頭から抑えつけようとした。けれど独立運動は半島全域に拡大し、次第に暴動化していった。このため日本政府は、ついに軍隊を出動させ、徹底的に独立運動を鎮圧する方針をとったのである。

ただしその後、これまでの強圧的な植民地支配を反省し、朝鮮総督に就ける資格枠を現役軍人から文官にまで広げた。また、憲兵（軍の警察）警察制度を廃止したのも譲歩だといえる。が、警察官自体の数は増やしている。

同年9月、朝鮮総督として着任した斎藤《さいとう》実《まこと》海軍大将は、これまでの武断政治をやめ、朝鮮総督府の日本人役人に対し「朝鮮の良さを理解せよ」と命じ、日本人学校でも朝鮮語の授業をおこなわせたり、朝鮮美術展覧会を主催したり、朝鮮人による新聞の発行を認めるようになった。また、独立運動をした民族主義者たちの声に耳を傾けた。こうした融和的な「文化政治」によって、独立運動は衰退していったのである。

関東大震災でなぜ「朝鮮人狩り」が起きたのか

独立運動から4年後の1923年、日本は関東大震災に見舞われる。マグニチュード7・9の直下型巨大地震によって首都圏は壊滅的な被害を受け、震災による死者・行方不明者はあわせて約14万3000人にもおよんだ。このおり「在日朝鮮人が暴動を起こし、井戸に毒を投げ込んだり、家に放火したりしている」というデマが広がった。このため、治安維持のため組織された各町の自警団が、町内を通過する人びとを検問し、朝鮮人だとわかると無差別に殺害するという悲劇が各所で発生した。詳細な犠牲者数は不明だが、約6000人の朝鮮人と約2000人の中国人がこのおり殺害されたという。

通常では到底考えられない蛮行が起こったのにはワケがある。

当時、朝鮮半島から貧しい労働者が多数、職を求めて日本に来ていた。そうした在日朝鮮人に対する日本人の日頃の差別感情、そして、差別していることで震災の混乱に乗じて自分たちが彼らに復讐されるのではないか、という疑心暗鬼が、自警団をしていわゆる「朝鮮人狩り」に走らせたのだと考えられている。

1910年に植民地になった朝鮮は、太平洋戦争が終結するまでの35年間、日本の支配を受けた。日本政府は、新たに領土となった朝鮮半島に莫大な資本を投下し、道路や鉄道のインフラを整備し、耕地を開拓し、殖産興業政策を展開していった。このため米の収穫量は倍増し、朝鮮北部では重化学工業が発展し、経済力は高まり、朝鮮人の人口も1700万人から3000万人へと激増した。

日本人と朝鮮人の結婚も増えていった。これを「内鮮結婚」と呼んだが、日本政府は「日本人と朝鮮人はもともと一体の民族である」ととなえていたこともあり、模範的な日朝の夫婦には表彰状や記念品を贈呈し、両民族の国際的な結婚を奨励したのだった。

日本政府はまた、植民地支配の方針として、「朝鮮民族を日本民族に変える」という、いわゆる同化政策を進めていった。朝鮮の学校では日本語を教えることとし、次々と朝鮮半島に神社を建ててこれを崇拝させた。さらに朝鮮人が発行する新聞の題字には日本語を使用させ、1940年からは「創氏改名」を強制する。姓名を日本風に変えさせたのだ。

前ページで述べたように、確かに朝鮮半島は、日本によってインフラが整えられ、経済的にも豊かになった。それをもって、植民地支配の正当性を主張する日本人は少なくない。ただ、朝鮮人の圧倒的多数は、民族性を抹殺しようとした同化政策、植民地における日本人の朝鮮民族に対する差別に不快の念を持っていた。私たちはその思いを理解する必要がある。なお、日本から独立した後、半島の人びとにとって日本の統治時代は、民族の屈辱として位置づけられ、教育によって「朝鮮における日本政府の圧政」という「歴史的レジェンド」が形成され、脈々と現代の韓国人・朝鮮人に受け継がれているのである。

6

南京大虐殺は存在しなかったのか？

——恐慌の時代

身売りや欠食児童が急増した昭和恐慌

日本は、大戦景気を経験してからおよそ10年以上にわたって長期的な不況におちいった。すでに述べたように１９２０年の戦後恐慌から3年後、関東大震災により多くの不良手形（震災手形）が発生（震災恐慌）、第二次山本権兵衛内閣は、不良債権を膨大に所有する銀行の救済措置をとるが、なかなか震災手形の処理が進まない。

そこで第二次若槻《わかつき》礼《れい》次郎《じろう》内閣が１９２７年、手形の処理を促進させる2法案を議会に提出する。ところが、このさいの大蔵大臣の失言や台湾銀行の経営危機によって、銀行の取り付け騒ぎが起こり、多数の銀行が休業する事態（金融恐慌）が発生したのである。

若槻内閣にかわって発足した立憲政友会の田中義一内閣が支払猶予（モラトリアム）令を発したので金融恐慌は沈静化したが、その後も慢性的不況は続いていた。

そこで１９３０年、民政党の浜口《はまぐち》雄《お》幸《さち》内閣は、金輸出解禁（金本位制への復帰）を断行する。この政策がなぜ景気回復に結びつくのかを説明しよう。

第一次世界大戦が勃発すると、経済的混乱のため欧米各国は金本位制度（自国の通貨と

よくわかる！
戦後恐慌から昭和恐慌へ

戦後恐慌（1920年）

- ヨーロッパ諸国の回復でアジア市場への輸出低迷
- 株式市場の暴落

↓

関東大震災（1923年）

- 関東一円に大被害
- 銀行経営の悪化
- 日本経済に打撃

↓

金融恐慌（1927年）

- 議会での片岡直温大蔵大臣の失言により、銀行の取り付け騒ぎ
- 鈴木商店の破たんで台湾銀行休業
- 田中義一首相モラトリアム令で鎮静化

↓

昭和恐慌（1930年）

- 浜口雄幸内閣の金輸出解禁が、世界恐慌と重なり、大不況となる
- 農業恐慌で欠食児童・娘の身売り

金の交換を保証する制度）を停止した。日本も1917年にこれにならった。戦後、欧米諸国は再び金本位制度に復帰したが、日本は先述のとおり、慢性的な不況のため、それができなかった。

しかし浜口内閣は、あえてそれを断行したのだ。円と金との交換を保証すれば、円の価値が上がって為替《かわせ》相場は上昇する。つまり円高になるわけだ。だが、輸出産業が主力であった日本の財界にとって、円高は好ましくない状況といえる。けれど、浜口はあえて円高にすることで不良な輸出会社を淘汰《とうた》し、企業間の合併を促進させ、日本企業の国際競争力を高めようと考えた。つまり、ショック療法を与えようとしたのだ。

ところが、である。

前年（1929年10月）にアメリカで株価が大暴落し、これが各国に広がるなかでの金解禁だった。浜口はアメリカの不況はすぐに終息すると予測していたが、見通しは甘く、なんと世界恐慌へと発展してしまう。このために金輸出解禁はまるで「嵐に向かって窓を開けた」ような状況となり、日本は一気に輸出不振におちいり、企業の倒産が相次いだ。さらに世界的な不況ゆえ、欧米の良い商品が安価で国内に怒濤《どとう》のように流れ込んできて、国内向けの産業も大打撃を受けてしまう。こうして大量の失業者がちまたにあふれた（昭和恐慌）わけだが、農村でも生糸の値段が暴落し、凶作がこれに重なり、娘の身売りや欠食児童（弁当を持参できない児童）が急増していった。

そこで、1931年に犬養毅《いぬかいつよし》内閣が発足すると、大蔵大臣の高橋是清はただちに金輸出を再禁止、円の価値が暴落するのを放置し、円安を利用して輸出を伸ばした。その結果、景気はV字回復することになったのである。

政党内閣への失望から軍部への期待が高まった

1924年に護憲三派（第一次加藤高明）内閣が誕生して以来、政党内閣が続いていた。これは、総理大臣を天皇に推薦する元老の意向が大きかった。すでに9人の元老のうち8人は鬼籍に入っていたが、最後の元老・西園寺公望は立憲政友会の総裁をつとめたこともあって、政党内閣に理解が深かった。

ただこの時期、金融恐慌や昭和恐慌により民衆の生活は慢性的に苦しかった。にもかかわらず、政党内閣は有効な手だてがとれず、党員は汚職を繰り返していた。そうしたなか、国民の期待を集めたのが軍部であった。そんな国民の支持を背景に、軍部は政界への影響力を強めていった。

軍部、とくに陸軍は、中国における日本の満州権益を維持しようとした。

じつは第一次世界大戦後、世界平和の気運と民族自決の高まりによって、列強も協調体制を構築すべく動いた。各国が持つ中国の利権に対しても門戸開放がうたわれ、中国の主権を尊重する方針がワシントン会議（1921～22年）で確認された。日本はドイツから譲り受けた山東半島における利権を中国に返還し、さらに幣原喜重郎《しではらきじゅうろう》外務大臣は中国に対して関税自主権を認めたのだった。こうした対英米協調、中国の主権尊重という風潮のなかで、孫文の遺志を継いだ蔣介石《しょうかいせき》は、毛沢東の中国共産党と手を結んで国民革命軍を組織し、1926年から北伐《ほくばつ》を開始する。

当時の中国は中央政府の力が弱く、各地に軍閥と呼ばれる地方政権が跋扈《ばっこ》していた。広《カン》東《トン》の蔣介石は、南からそうした軍閥を服属させ、真の近代的統一国家をつくろうと行動しはじめたのである。

蔣介石は南京《ナンキン》に国民政府を樹立し、さらに軍を率いて北上を続けた。

時の田中義一内閣は、山東半島に兵を派遣して蔣介石を牽制するとともに、満州を支配している奉天軍閥の張作霖《ちょうさくりん》を支援した。蔣介石軍の侵入を防ぎ、日本の満州権益を守ろうとしたのだ。

ところが1928年、関東軍（南満州の関東州にある日本権益を守るために設置された日本軍）が張作霖を爆殺し、これを蔣介石率いる国民革命軍の仕業に見せかけ、満州の混乱を収拾するという名目で軍事行動を起こし、関東軍による満州全土の制圧を企んだのである。

だが、このねらいを悟った張学良《がくりょう》（作霖の息子）が突然、蔣介石に服属してしまい、関東軍の作戦は失敗に終わり、蔣介石の中国統一が達成されたのである。

関東軍の勝手な行動に激怒した田中義一は、昭和天皇に首謀者の厳罰を約束するが、軍と与党の反対により、結局、軽い処分で済ませてしまった。これにより昭和天皇の不興を買った田中は総辞職することになるが、この甘い措置が、3年後の関東軍の暴走を許すことになった。

もはや誰にも止められなかった関東軍の暴走

1931年9月18日、関東軍は、満州の満鉄（日本所有の鉄道）を爆破してこれを蔣介石の中国軍の仕業とし（柳条湖《りゅうじょうこ》事件）、各地の中国軍基地を攻撃するなど、大規模な軍事行動を開始した（満州事変）。

これは、蔣介石の国民政府が満州や内蒙古《もうこ》における日本の利権を回収しようと動いたことに対し、「満蒙《まんもう》の危機」だと認識した関東軍が、満州を完全に支配下におこうとして勃発させた壮大な策略であった。

時の第二次若槻礼次郎民政党内閣は、事変の不拡大方針を発表するが、なんと関東軍はこれを黙殺して軍事行動を続け、諸都市を次々と占領していった。このため若槻内閣は事態収拾の自信を失い、かつ、閣僚からも関東軍の行動を支持する者が出たこともあり、総辞職を余儀なくされた。

驚いた国民政府は、関東軍の行動を国際連盟に提訴した。日本政府も同じく調査を連盟に要請したので、翌1932年1月、イギリスのリットン卿をリーダーとする調査団が組

よくわかる！　忍び寄る戦争の足音

年代	事項
1928. 3	**三・一五事件**（共産党員を大検挙）
6	治安維持法に死刑を追加
7	特別高等警察（特高）を全国に設置
1929. 4	**四・一六事件**（再び共産党員大検挙）
1930. 4	統帥権干犯問題おこる
11	浜口雄幸首相、東京駅で狙撃される
1931. 3	三月事件（軍部内閣の樹立計画失敗）
10	十月事件（軍部内閣の樹立計画失敗）
1932. 2	**血盟団、前蔵相井上準之助を暗殺**
3	**血盟団、三井合名会社理事長団琢磨を暗殺**
5	**五・一五事件**（海軍将校ら犬養毅首相を暗殺）
1933. 4	**滝川事件おこる**
1934.11	**十一月事件**（陸軍青年将校のクーデター失敗）
1935. 2	美濃部達吉の**天皇機関説**が問題化
8	政府、国体明徴声明を出す
1936. 2	**二・二六事件**（陸軍皇道派青年将校、クーデター失敗）
5	軍部大臣現役武官制の復活
11	**日独防共協定に調印する**
1937.12	第1次人民戦線事件（山川均らを検挙） 矢内原忠雄、著書発禁
1938. 2	第２次人民戦線事件（大内兵衛らを免職）
4	国家総動員法が出される

織され、満州事変の原因や責任などが詳しく調査されることになった。

若槻にかわって内閣を組織した立憲政友会の犬養毅は、関東軍における事変の責任者たちを昭和天皇の命令で日本へ呼び戻し、満州については日本と中国の共同管理下におくかたちで事態を収束させようと考えていたとされる。

これにあせりを覚えた関東軍の参謀たちは、清朝最後の皇帝溥儀《ふぎ》を満州に連れてきて、同年3月、溥儀を執政とする満州国を建国させたのである。もちろん国家といっても、その実態は関東軍の傀儡《かいらい》であった。

このため犬養首相は、日本国として満州国を承認しようとはしなかった。

ところがそんな犬養が、同年5月15日、首相官邸で海軍青年将校らに射殺されてしまったのである（五・一五事件）。

じつは満州事変前後、国内では青年将校や右翼らのテロ、あるいはクーデター未遂事件が続発していた。1930年に浜口雄幸首相が狙撃され、1931年には橋本欣五郎《はしもときんごろう》ら率いる桜会《さくらかい》が軍部内閣を樹立するクーデター計画が二度も発覚、さらに1932年、血盟団（右翼組織）に井上準之助《いのうえじゅんのすけ》前蔵相らが殺害されていた。

このような背景には、政党内閣に愛想をつかした国民が軍部を支持したことが大きい。

やはり世論を味方につけてはじめて、こうした大胆な行動がとれるのである。とくに昭和恐慌で打撃を受けた農村では、広大な満州は、苦しい自分たちの生活を打開してくれる希望の天地に思えたのだろう。

結局、次に成立した斎藤実内閣は、満州国をあっさり国家として認めた。さらに、国際連盟からの離脱を宣言したのである。というのは、リットン調査団の報告書に基づき、連盟の臨時総会で関東軍の軍事行動を否認する案が可決されたからである。つまり日本は、国際的孤立への道を選択したのだ。

国内的には軍部や右翼の力がますます強大化し、大正時代に主流だった美濃部達吉の天皇機関説（憲法理論）が激しい攻撃を浴び、美濃部は貴族院議員の辞職を余儀なくされ、岡田啓介《おかだけいすけ》内閣も機関説を正式に否定する国体明徴声明《こくたいめいちょうせいめい》を出さざるを得なくなった。

さらに１９３６年、陸軍青年将校に率いられた約１４００人の兵士が大規模なクーデターを起こした。反乱軍は永田町一帯を制圧し、首相官邸や警視庁などを襲い、斎藤実内大臣、高橋是清蔵相などを殺害した（二・二六事件）。結局、クーデターは数日で鎮圧されたが、総辞職した岡田内閣にかわって誕生した広田弘毅《ひろたこうき》内閣は、組閣のおり軍部の強い介入をうけることになった。

日中戦争を泥沼化させた果てしない領土欲

満州国を建てた関東軍を国際的な圧力で牽制しようとした蔣介石だったが、日本が国際連盟から脱退してしまったため、軍事行動を続ける関東軍を抑えるすべがなくなった。当時、国民政府は共産党と内戦をしており、関東軍と戦う余力はなかった。そこで仕方なく日本と講和条約を結び、結果として満州国の存在を黙認することになった。満州の広さは、日本の国土の3倍近くもある。ゆえに、これで満足しておけばよいものを、さらに軍部は華北へも政治的影響力を強めていった。

まさに果てしない領土欲といえるが、なぜかくも領土を拡大する必要があるのか――。

その一つは経済的な理由である。日本は昭和恐慌のさい、円安を利用して輸出を増やすことで景気をV字回復させた。が、イギリスやアメリカなどは、なかなか世界恐慌の打撃から抜け出せず、やがて保護貿易を開始する。他国からの輸入品に高い関税などをかけて国内への流入を防ぎ、本国と植民地との間だけで経済を完結させようとしたのだ。

これをブロック経済と呼ぶが、イギリスやフランスなど世界各地に植民地を持つ国、あるいはアメリカなど国土が広い国でしかできない政策であった。

とくに輸出大国である日本にとって、ブロック経済政策は大きな打撃だった。これに対抗するには、日本も円ブロック（円経済圏）をつくるしかなかった。そのためには台湾、朝鮮、満州だけでは足りず、さらに中国の広大な地域をも経済的な支配下におく必要があったのだ。

もちろん身勝手な論理だが、日本の果てしない領土欲の一端は、当時の経済状況と大きくかかわっていたことは知っておきたい。

日本の華北への勢力拡大に対し、中国の世論は急速に抗日に傾き、国民政府内でも「内戦を停止して日本と戦うべきだ」という声が大きくなった。すると国民政府の重職にある張学良が蔣介石を軟禁し、内戦を停止するよう説得（西安《せいあん》事件）、1936年、ついに蔣介石もそれを了承したのである。

そして1937年7月7日、日中間で軍事衝突（盧溝橋《ろこうきょう》事件）が発生、これを機に日中は全面戦争へ突入することになった。

陸軍参謀本部は、広大な中国大陸に兵力を全面的に展開するのは無理があると考え、日中戦争の停戦に期待した。ちょうどドイツの在中国大使トラウトマンが和平の仲介に乗り出してくれることになったが、結局、日本側の条件が厳しすぎて合意に至らなかった。
すると近衛《このえ》文麿《ふみまろ》内閣は、１９３８年1月、「国民政府を相手とせず、新しく出来る中国の新政権と講和を結ぶ」と公言、さらに「国民政府を否認し、抹殺する」と発言したのである。

これに対して蔣介石も自国民に日本への徹底抗戦を呼びかけた。

かくして完全に講和の道が塞がれてしまった。

なんとも愚かな近衛の発言であり、当時、これを聞いて軍人や政治家のなかには愕然《がくぜん》とした人も少なくなかったという。ただ、日中戦争では日本軍が連戦連勝しており、国民の多くが近衛の声明を支持した。実際、日本軍は国際都市上海《シャンハイ》を激戦のすえに落とし、さらに国民政府の首都である南京を占領したのである。

ただ、国民政府の首脳部は日本軍がやって来る前に南京から離脱、やがて首都を重慶《じゅうけい》へ移して抵抗を続けた。アメリカ、イギリス、ソ連、フランスなど列強諸国は、国民政府を支持して食糧や軍事物資を送ったので、戦いに勝ちながらも日本は戦争を終結させるめどが立たず、日中戦争は泥沼の長期戦の様相を見せた。

日本史の教科書にも載っている南京大虐殺

日中戦争で日本軍は南京を攻略するが、このさい、捕虜や民間人を多数虐殺したといわれる。これがいわゆる南京大虐殺（南京事件）だ。この事実を日本人が初めて知ったのは、太平洋戦争後の東京裁判でのことだった。戦前、皇軍（天皇の軍）は正義の軍隊だと信じて疑わなかった国民は、この蛮行に衝撃を覚えた。

では、どのような経緯で南京における虐殺が発生したのだろうか。

昭和12年7月7日、北京《ペキン》郊外の盧溝橋において、日本軍と蔣介石率いる国民政府軍が軍事衝突を起こした。時の近衛文麿内閣は、はじめ不拡大方針を決めたが、軍部がそれに強く反発したため、ついにこの盧溝橋事件を機に全面戦争を決意、大軍を中国大陸へ投入したことはすでに述べた（161ページ）。こうして、昭和20年に日本が太平洋戦争で無条件降伏するまで、両国は大量の戦死者を出しながら、泥沼のような長期戦を展開する。

日中戦争は北京郊外ではじまったが、日本軍は大山勇夫《おおやまいさお》中尉が上海で中国軍に殺されたことを理由に、30万人を派遣して国際都市上海へ戦線を広げた。ただ、中国軍も激しい抵抗を見せ、日本軍は9000人の戦死者と3万人の負傷者を出し、どうにか上海を落としたのである。現地の日本軍は、国民政府の首都南京の攻略を目指すことに決めた。南京は上海から300キロも離れていたので、軍内にも補給を不安視する声が強かったが、結局、南京進撃が正式に決定されたのだ。日本軍はすさまじいスピードで進軍をしていったが、蔣介石はすでに南京を脱出してしまっていたため、さしたる抵抗もなく、1937年12月中旬、日本軍は南京を制圧した。

南京市街に入った日本軍は、市民に対し略奪・暴行のかぎりを尽くし、手当たり次第に人びとを殺害したと伝えられる。戦争犯罪者を裁く東京裁判で提出された記録によれば、南京陥落後の数日間で1万2000人の民間人が無差別に殺され、その後1ヵ月間に捕虜の2万人を含め、合計20万人以上が惨殺されたとある。また、中国人女性2万人が日本兵によって強姦されたという。なお中国側は今も30万人殺害されたと主張している。

東京裁判では、南京事件に関する証人が多く出廷し、日本軍の蛮行を具体的に証言した。

南京事件については、多くの高校日本史の教科書にも掲載されていた。

以下、いくつか教科書の記述を紹介しよう。

よくわかる！　日中戦争までの流れ

1937

7.7	**盧溝橋事件おこる**
7.11	一時的に停戦協定結ばれるが、うまくいかず
8.9	第２次上海事変が発生。以後日本はこの戦争を「支那事変」と呼称
9.23	**第２次国共合作成立**
12.13	南京占領―**南京事件起こる**

1938

1.16	第１次近衛声明「国民政府ヲ対手ニセス」。戦争の泥沼化がすすむ
5.19	徐州を占領
10.21	広東占領―援蔣ルートの封鎖を企図
11.3	第２次近衛声明（**東亜新秩序**の建設）
12.20	汪兆銘、重慶を脱出
12.22	第３次近衛声明を出す

1940

3.30	南京政府樹立―汪兆銘をリーダーとする日本の傀儡政権

「南京陥落前後、日本軍は市内外で掠奪・暴行を繰り返したうえ、多数の中国人一般住民（婦女子を含む）を殺害した（南京事件）。南京の状況は、外務省ルートを通じて、早くから陸軍中央部にも伝わっていた」（『詳説日本史B』山川出版社　２０１８年）

「日本軍は中国軍との激しい戦闘を交えつつ12月に国民政府の首都南京を占領した。その際、約20万人ともいわれる軍人・捕虜・非戦闘員を殺害するとともに、掠奪・放火・性暴力を多数ひきおこした（南京大虐殺）」（『日本史B』東京書籍　２０１７年）

「12月、国民政府の首都南京を占領した。そのさい、日本軍は投降兵・捕虜をはじめ中国人多数を殺害し、掠奪・放火・暴行をおこない、南京大虐殺として国際的な非難をあびた。死者の数は戦闘員を含めて、占領前後の数週間で少なくても10数万人に達したと推定される」（『日本史B』実教出版　２０１７年）

いかがであろう。3つの教科書は殺害した人数の違いこそあれ、南京で日本がおこなった蛮行が明記されているのがわかるだろう。

学校の授業は、教科書の内容に沿ってなされるわけだから、当然、高校日本史の教員は、生徒たちに日中戦争時の南京における日本軍の虐殺事件についてその概要を教授することになる。

南京大虐殺は存在しなかったのか？

　ところが近年、「南京大虐殺（事件）は存在しなかった」という主張をする人びとが現れるようになり、さらに雑誌にもそうした記事が掲載されるようになった。文科省の検定を通過した教科書に載る「南京事件」がなかったというのは、いったいどういうことなのだろうか。

　まずは南京城内やその周辺で多数の中国人が日本軍によって殺害されたという事実自体について、これを否定する学者や論者はほとんど存在しない。

　主に問題とされるのはその数、殺された人びとの身分だ。

　大虐殺というが、中国が主張する30万人や東京裁判での20万人という膨大な数ではなく、多くてもせいぜい数万から数千程度であり、これは他の戦争でもあるような民間人犠牲者数に過ぎないというものだ。あるいは、南京城内に限ってみると、数千という単位の大虐殺はおこなわれていないとするものもある。

　続いて、殺害された人びとの身分や法を根拠に虐殺ではないとする論もある。

たとえば、戦闘員は殺しても虐殺と言わないのであり、当時、民間人に紛れている中国兵（便衣兵《べんいへい》）が多く、これを区別することなど不可能だったので、民間人を殺害することは仕方のないことであり、虐殺ではないとする考え方である。また、国際法上、南京城にいる人間は、兵士も民間人も殺しても罪は問われないのだと主張する学者もいる。

確かに数十万人が殺されたというのに、南京大虐殺当時の第一級史料は、ほとんど日本側に残存しない。なおかつ、軍部中央が虐殺を指示したという事実も発見されていない。

そういった意味では、中国政府や東京裁判での殺害人数は、かなり誇張があると思われる。また、確かに兵と民間人を区別できない事情もあったのだろう。そうしたこともあって文部科学省は２０１７年、南京での犠牲者の数について、通説的な見解がないことを明記せよと教科書検定で指示している。

しかしながら、これまでの研究蓄積を概観すれば、南京において日本軍の略奪・暴行・虐殺行為は存在したと考えていいと思う。

上海から南京までは３００キロ近くあり、当初、日本軍は行軍する予定はなく、食糧は現地調達であり、上官の威令が末端にまで行き届かないこともあったのは確かな事実。しかも満州国が誕生して以後、防衛の必要から日本の兵員は大増員されており、日中戦争前と比較すると、兵量は倍増していた。つまり、南京攻略のさいは質の低い兵士が多数混じっていたのだ。事実、指揮官がその統率に苦労していた記録も残っている。

ある指揮官の手記によれば、上海の激戦で多くの戦友を失った日本兵が、投降してきた中国兵を片っ端から撃ち殺したとある。

いずれにせよ、このように軍規のゆるんだ日本軍によって、民間人を含む中国人が殺害され、かなりの数の女性が辱《はずかし》めをうけたのは事実だと考えてよいと思われる。

数が少ないから大虐殺ではないとか、国際法上殺してもよかったのだという論理は私も日本人であるから理解できなくもないが、やはり南京事件の要因や経緯をしっかり学び、これを教訓とすることが重要なのだと思う。もちろん、直接のかかわりのない現代の日本人が、この事件について謝罪し続けよというわけではない。そうした行為があったことを認識することが大事だと考えるのだ。

2015年10月、ユネスコは「南京事件」に関する資料を世界記憶遺産に登録したと発表した。記憶遺産とは、「人類が長い間記憶して後世に伝える価値がある」とされる記録物のことである。

産業革命遺産の世界遺産登録になぜ韓国はクレームを？

2015年、ユネスコの諮問《しもん》機関が「明治日本の産業革命遺産（長崎の端島《はしま》炭鉱、鹿児島の旧集成館《しゅうせいかん》、山口の松下村塾《しょうかそんじゅく》など）」を世界文化遺産に登録するよう勧告した。それにより、これらの遺産が世界遺産に認定され、日本中が喜びに沸いた。ところが、である。この決定に韓国がクレームをつけてきたのである。

「またか」という腹立たしさを多くの日本人が感じたはずだ。

周知のように、前朴槿恵《パククネ》大統領を筆頭に、韓国政府は何かにつけて、日本人の歴史認識を責め、植民地支配や従軍慰安婦問題などについて謝罪を求め、最近は靖国問題にまで口をはさむようになっている。

すでに戦後70年以上が過ぎた。戦争当時に成人していた方の大半が鬼籍に入っている。だから日本は「先祖が過去にやったことを謝れと言われても……」という気持ちになり、韓国に嫌悪感を持つ人びとも多いはず。ただ、前に話したように（29ページ）、韓国において植民地時代の35年間は、民族の屈辱的な「歴史レジェンド」となっているのである。

それをまず、私たちは頭で理解しなくてはならない。

さらにいえば、日本人についても問題がある。先の大戦や植民地支配に対する加害意識がきわめて薄いのだ。それは、日本人のせいではない。アメリカの占領政策によるものである。ドイツは国民一人一人がナチスに協力したことについて反省を強要されたが、日本人の場合、それがなかった。アメリカは、A級戦犯や各界の指導者たちに軍国主義化と戦争責任のすべてを押しつけ、日本国民には罪がなかったとするスタンスをとった。免罪符を与えたわけだ。

だから、積極的に戦争に協力したにもかかわらず、戦後の日本人の多くは、ほとんど戦争に対する罪の意識を持つことができず、結果としてさして責任も感じなかったのである。ましてや朝鮮の植民地支配については、それが悪いことであるという感覚すら当時の日本人は持っていなかったのではないか――。曾祖父母、祖父母がそうした歴史認識であれば、その子孫である私たちが責任を痛感できるはずもないのだ。

もちろん、軍国主義化した大日本帝国の過ちは学校で教わるが、それほど深入りして教えることのできる教員は多くはないだろう。教科書に書かれた内容に毛が生えた程度だと思う。中学校の歴史でいえば、朝鮮の植民地支配や日中・太平洋戦争に割《さ》ける時間は、多くても数時間程度だと考えていい。

いずれにせよ、どうして韓国人が、日本の産業革命遺産を世界遺産にすることに反対したのか、その理由は日本人としてしっかり知っておくべきだろう。

世界遺産に登録されることになる23件の遺産のうち、福岡や長崎などの7施設で、植民地時代に強制労働に駆り出された94人の朝鮮人が亡くなっているのだ。ゆえに韓国は、もし登録するのであれば、その事実についてもしっかり明記せよ、そうでなければ反対するというのである。

では、強制労働とは何か?

1937年にはじまった日中全面戦争が泥沼化してくると、1939年に公布された国民徴用令に基づき、政府は国民に労働を強制できるようになった。さらに太平洋戦争がはじまると、徴用されるのは日本人だけではなく、日本国内に連れてこられた朝鮮人も増えていった。朝鮮人徴用工は戦地の南方へ送られたり、日本に来た場合でも、日本人が敬遠する炭鉱などで重労働に従事させられた。このため、体調を崩したり、栄養失調から来る病気などで、多くの朝鮮人が亡くなったとされる。

2005年には、戦時中に日本の新日鉄住金（旧新日本製鉄）に無償で苛酷な強制労働を強いられたとして韓国人４名が韓国で裁判を起こし、２０１３年７月、韓国のソウル高裁は原告の訴えを認め、１人１億ウォン（当時約８８０万円）の慰謝料の支払いを命じている。韓国の裁判所が日本企業に損害賠償を命じたのは初めてのことだ。新日鉄住金は上告したが、２０１８年10月、韓国大法院（日本の最高裁にあたる）は新日鉄住金に元徴用工への賠償金支払いを命じた。判決の確定で日本の政財界に衝撃が走ったが、さらに翌月、三菱重工にも同じ判決が下った。今後、こうした判例は増えていくだろう。いずれにせよ韓国は、そんな屈辱の記憶が残る遺跡・遺物を世界遺産に登録されることに抵抗感を持つのである。

なお、日本政府は韓国政府と話し合い、遺跡紹介のさいに強制労働にも触れることで合意、無事に「明治日本の産業革命遺産」は世界遺産に登録されることになった。

さらにいえば、戦時中、朝鮮がこうむった被害は強制労働だけではない。

米の供出（政府の割当量に応じて強制的に米を売り渡す制度）もはじまった。しかも内地よりもずっと厳しかったので、朝鮮の物価は内地より高騰が激しく、人びとは困苦したのだった。さらに兵力が不足したことで、日中戦争がはじまると、朝鮮人の志願兵を認めることにした。さらに太平洋戦争でますます兵士が足りなくなると、ついに１９４４年から朝鮮全土に徴兵制を敷いた。だから日本兵として戦死した朝鮮人も少なくないのである。

従軍慰安婦問題と河野談話

ただ、何と言っても日韓で大きな懸案となっているのは、韓国の従軍慰安婦問題であろう。戦時中は、日本の斡旋業者たちが朝鮮に渡り、朝鮮人女性を集めて南方などへ派遣して兵士を相手に売春をさせたとされる。

こうした女性たちは朝鮮人だけではなく、日本人、中国人、オランダ人、フィリピン人、インドネシア人などもいたが、その数は圧倒的に朝鮮人が多かったようだ。軍周辺の慰安所で兵士を相手にする女性のなかには、売春を強要された者もいた事実は、すでに東京裁判でも認識されていたが、人道上の罪には問われなかった。また、1980年代前半になると、軍の命令で朝鮮の女性たちを強制的に拉致したと証言する軍人なども現れた。だが、やはり1991年に韓国の元慰安婦が名乗り出て、日本政府に対して補償を求めて裁判を起こしたことが、この問題が広く知られる発端になった。

日本政府はこの問題についての調査を進め、1993年8月、宮沢喜一《みやざわきいち》内閣の河野洋平《こうのようへい》内閣官房長官が次のような談話を発表した。

「いわゆる従軍慰安婦問題については、政府は、一昨年12月より、調査を進めてきたが、今般その結果がまとまったので発表することとした。

今次調査の結果、長期に、かつ広範な地域にわたって慰安所が設置され、数多くの慰安婦が存在したことが認められた。慰安所は、当時の軍当局の要請により設営されたものであり、慰安所の設置、管理及び慰安婦の移送については、旧日本軍が直接あるいは間接にこれに関与した。

慰安婦の募集については、軍の要請を受けた業者が主としてこれに当たったが、その場合も、甘言、強圧による等、本人たちの意思に反して集められた事例が数多くあり、更に、官憲等が直接これに加担したこともあったことが明らかになった。また、慰安所における生活は、強制的な状況の下での痛ましいものであった。

なお、戦地に移送された慰安婦の出身地については、日本を別とすれば、朝鮮半島が大きな比重を占めていたが、当時の朝鮮半島は我が国の統治下にあり、その募集、移送、管理等も、甘言、強圧による等、総じて本人たちの意思に反して行われた。

いずれにしても、本件は、当時の軍の関与の下に、多数の女性の名誉と尊厳を深く傷つけた問題である。

政府は、この機会に、改めて、その出身地のいかんを問わず、いわゆる従軍慰安婦として数多《あまた》の苦痛を経験され、心身にわたり癒しがたい傷を負われたすべての方々に対し心からお詫びと反省の気持ちを申し上げる。

また、そのような気持ちを我が国としてどのように表すかということについては、有識者のご意見なども徴しつつ、今後とも真剣に検討すべきものと考える。

われわれはこのような歴史の真実を回避することなく、むしろこれを歴史の教訓として直視していきたい。われわれは、歴史研究、歴史教育を通じて、このような問題を永く記憶にとどめ、同じ過ちを決して繰り返さないという固い決意を改めて表明する。

なお、本問題については、本邦において訴訟が提起されており、また、国際的にも関心が寄せられており、政府としても、今後とも、民間の研究を含め、十分に関心を払って参りたい。」（外務省HPより）

このように日本政府は、慰安婦を集めるのに軍や官憲が直接関与し、かつ、戦地の慰安所において彼女たちに強制的に売春をさせた事実を認め、正式に謝罪したのである。

それにしてもなぜ日本軍は、戦地に慰安所を設置したのだろうか――。

一つは日本軍兵士が戦地で住人女性を強姦する例が後を絶たず、それを防止するためであった。また、現地の風俗施設に出入りすると性病が心配だったので、衛生管理の行き届いた慰安所を設置することで、性病によって兵力に支障を来《きた》すのを防ごうとしたのだ。また、民間の売春施設の女性たちから兵士を通じて日本軍の情報が漏れるのを防ぐ目的もあったとされる。

「強制性」をめぐり日韓で認識が大きくへだたる

元従軍慰安婦について日本政府は、韓国に対する戦争責任の法的責任の補償は済んでいるという立場をとった。しかし道義的責任の補償として村山富市《むらやまとみいち》内閣は、アジア女性基金をつくり、民間から資金を募集したのである。そして元慰安婦の韓国人女性たちに対しては「償い金」1人200万円、医療・福祉支援300万円、そして総理大臣のお詫びの手紙を渡された。しかし、「これは日本政府の公的な補償ではない」というので、そうした金銭の受け取りを拒否した女性もいた。

この日本政府の対応について、1990年代半ばになると、日本国内から批判の声が上がるようになった。のちに述べるが、「これまでの日本史は自虐史観であり、修正すべきだ」という自由主義史観（歴史修正主義）をかかげた人びとが出版物やマスメディアなどで大きな影響を与えるようになったからだ。

彼らは従軍慰安婦についても、これまでの見解に異議をとなえるようになった。日本の軍人や関係者が軍の命令で朝鮮人の女性たちを無理矢理拉致し、軍の慰安所で強制的に売春をさせたという事実はないと主張したのだ。

あくまで慰安婦は、自由意志で慰安所に勤め、自由意志で売春行為をおこない、対価をもらっていた。つまり商売だったというわけだ。むしろ陸軍省は、1938年に「軍慰安所従業婦等募集に関する件」という通牒《つうちょう》を出し、「慰安婦の募集にあたって誘拐などの悪質な募集をしてはならない」と、そうした行為を取り締まっていたのだという。

だが、研究者の熊谷奈緒子《くまがいなおこ》はこうした見解に対し、次のように述べている。

「『慰安婦』の募集と管理において日本軍が何らかの形で関わっていたことは、公文書でも関係者の証言でも明らかになっている。ただ、問題は募集において、日本軍が直接関わった『強制連行』があったか否か、である。日本軍や官憲が『慰安婦』を強制連行したことを示す公式文書はない。また、日本軍兵士や官憲が家に乗り込んで、暴行をもって本人の意思に反して連行して慰安所に連れて行ったというケースの公式記録もない。ただ、日本軍による召集の公文書はある。さらに、元『慰安婦』、軍人らの証言や記録からは、募集と管理におけるさまざまな様態、解釈によっては『多様な意味での（もしくは〔広義〕）』の強制性の存在がうかがわれる」（『慰安婦問題』ちくま新書）と論じている。

なお、多くの朝鮮人女性を慰安婦にするため強制連行したと告白し、本まで出した吉田清治氏の証言がウソであることが判明。吉田氏の証言などを含め、多くの記事で慰安婦の強制連行を事実であるかのように広めた朝日新聞は、正式に過去の報道を訂正し、のちに謝罪した。このように、日本軍が強制的に慰安婦を連行した資料は発見されていないのだ。軍の関与についても日韓の間で大きな相違がみられる。

朝鮮人女性たち全員が兵士相手の売春業務だと知って応募したわけではなく、なかには斡旋業者に「慰安役務」の仕事だとだまされ、南方で売春を強制されたり、兵士たちの性欲を満たすための「奴隷」として扱われた人もあったのは間違いないだろう。

従軍慰安婦問題は高校日本史の教科書にも、次のように明記されるようになった。

「戦地に設置された慰安施設には、朝鮮・中国・フィリピンなどから女性が集められた（いわゆる従軍慰安婦）」（『詳説日本史B』山川出版社）

これを読んでわかるように、その強制性については明記されていない。

しかし、韓国はあくまで日本軍による強制性はあったと考え、日本の認識に大きく反発し、強く謝罪を要求してきた。さらに全世界に向けて、この問題をさまざまな形で発信していった。その結果、従軍慰安婦問題は海外でも非難の的となり、2007年、アメリカ合衆国議会は、慰安婦に対する日本政府の謝罪を求めるアメリカ合衆国下院決議案であるアメリカ合衆国下院121号決議を採択したのである。

これは、在米韓国人のロビー活動の結果だといわれる。

2011年には、韓国ソウル市の日本大使館の前に、慰安婦の少女をかたどった銅像が設置されたが、さらにその後、アメリカのカリフォルニア州ロスアンゼルス郡グレンデール市、ミシガン州デトロイト市などでも同様の像が設置され、いまも像は増え続けている。

なお民主党の野田佳彦《のだよしひこ》内閣のとき、日韓で慰安婦問題解決のための話し合いがおこなわれ、「政府の公式謝罪や一〇〇パーセント政府出資による人道措置などでほぼ合意しかけていたというが、二〇一三年三月に日本の総選挙と韓国の大統領選が重なり、日韓両国で話し合いにつく前に中断となってしまった」（熊谷奈緒子著『慰安婦問題』ちくま新書）とされる。

その後、朴槿恵政権が成立すると、ますます韓国は厳しく日本政府の歴史認識を批判するようになり、日韓首脳会談もオバマ大統領の仲介なしにはおこなえないような異常事態になった。ところが2015年12月、岸田文雄外務大臣と韓国の尹炳世《ユンビョンセ》外交部長官が共同記者発表をおこない、「日韓間の慰安婦問題の最終的かつ不可逆的解決」を発表したのである。まさに急転直下の決着であった。

こうして日本政治は慰安婦について正式な謝罪をし、韓国が設立した「和解・癒やし財団」に10億円を出して、元慰安婦への支援をおこなうようになった。ところが新たに文在寅《ムンジェイン》政権が誕生すると、韓国政府は日韓合意を反故《ほご》にし、財団の解散を発表したのだった。国家間の取り決めが政権交代であっけなくひっくり返されたわけで、日本の対韓感情は一気に悪化した。

いずれにせよ、いくら韓国が過去の従軍慰安婦問題について、日本に強く謝罪を求めようとも、埒《らち》はあかないだろう。日本人にとっては、謝罪する気持ちがわいてくるどころか、ますます韓国に対して嫌悪感が広がっていくだけだから、逆効果なのだ。ただ、私たち日本人も、従軍慰安婦などはどこの国でも似たようなことがおこなわれており、なぜ私たちだけがこんなに責められるのかという被害者意識を持つべきではない。ジェンダーの問題として、人権の問題として、過去をしっかり認識する必要はあるだろう。

ただ、現段階では日本側としてはお手上げ状態であり、今後も韓国がこの問題について日本を責め続けるのなら、日韓の良好な関係を構築するのは不可能だと思う。

7

北方領土が返還されない本当の理由とは？

――太平洋戦争と日本の敗戦

なぜ勝ち目のないアメリカとの戦いを選んだのか

日中戦争はアメリカやイギリス、ソ連などが国民政府を強く支援していたから、どんなに日本軍が各戦闘で優勢であっても、この戦いに決着がつくことはなかった。なのに日本は和平の道を模索することなく、経済統制によって軍需産業に資金や原料を集中させ、多額の公債や国家予算を軍事費に投入し、あくまで戦争を継続する道を選んだ。

1938年には国家総動員法を制定し、翌年それに基づいて成立した国民徴用令により、政府は国民を軍事産業に動員できるようになった。さらに国民精神総動員運動で国民に戦争協力をうながし、職場でも労資で戦争に協力させる産業報国会の結成を奨励、1940年には総理大臣を総裁とする巨大な上意下達機関である大政翼賛会《たいせいよくさんかい》を成立させた。

ただ、戦争のために国内の物資は不足し、消費を制限するため切符制が敷かれ、米などは配給制になっていった。1939年になると、徴兵のために労働力の不足も深刻になり、生産資財の不足とあいまって食糧生産が減少し、食糧難になっていった。

日本はこうした状況を打開するため、ヨーロッパで勢力を拡大するファシズム国家であるドイツやイタリアとの関係を強化し、1937年には日独伊三国防共協定を結んだ。

1939年9月、ドイツがポーランドに侵攻したことで、イギリス、フランスなどがドイツに宣戦布告し、第二次世界大戦がはじまった。大戦においてドイツは連戦連勝の快進撃をみせた。

すると国民の多くは「バスに乗り遅れるな」という合い言葉とともに、「アメリカやイギリスと戦争になってもかまわないから、ドイツと軍事同盟を結び、中国や資源のある東南アジアへ勢力を拡大すべきだ」と声高にとなえるようになった。

ずいぶんと乱暴な主張に聞こえるが、じつは同年7月、日本はアメリカから日米通商航海条約の破棄を通告されていた。もしこれが翌年発効されてしまったら、アメリカは日本に物資を輸出しない自由を獲得できるのだ。当時は、鉄くずや石油など軍需資材の大半をアメリカに頼っていたから、アメリカから補給が絶たれることは、日本にとってまさに死活問題であった。だからこそ逆に、対英米戦を覚悟して東南アジアを獲得しようという論理になったのだ。

だが、アメリカを敵に回すことは得策ではないと判断した阿部《あべ》信行《のぶゆき》内閣、続く米内《よない》光政《みつまさ》内閣は、そうした声を抑えて大戦不介入の立場を堅持した。ところが軍部は、そんな米内内閣を軍部大臣現役武官制を利用して退陣に追い込んだのである。

こうして1940年6月に成立した第二次近衛文麿内閣は、9月、日独伊三国同盟の締結に踏み切ったのである。さらに同じ月、日本軍はフランス領インドシナ北部へ軍隊を進駐させた。フランスは実質的にドイツの占領下にあり、宗主国不在のもと、インドシナを占領しようとしたのだ。

この軍事行動に対し、アメリカは強く反発し、日本に対して鉄くずや航空用ガソリンの輸出をストップするなど、経済制裁を強化した。

翌1941年、日本は日ソ中立条約を結んだ。これによって北の国境を心配することなく、日本軍は東南アジアへ進出することが可能になった。こうして同年7月、インドシナ南部へも進駐していった。

アメリカはこの動きに激怒し、在米日本資産凍結と経済制裁を強化し、さらに石油輸出を全面的にストップしたのである。当時、近衛文麿内閣はアメリカとの戦争を避けるため日米交渉をしていたが、石油を止められてしまったことで、軍部は本格的にアメリカとの戦争準備をはじめた。

国力や軍事力から判断すれば、アメリカと全面戦争をして日本に勝ち目はなかった。に

真珠湾で攻撃を受け炎上する米戦艦アリゾナ
（写真／毎日新聞社）

もかかわらず対米戦争をしようというのは、あきらかに無謀な判断だった。なぜそんな道を選んだのか——。

じつはドイツに期待していたのである。ドイツはイギリスやフランスだけでなく、1941年6月からはソ連とも戦いをはじめ、勝利を続けユーラシア大陸を席巻《せっけん》するような勢いを見せていた。

それにしても同盟国の動きに自国の将来を託すというのは、いくらなんでも甘すぎる認識だといえよう。確かに国内の石油備蓄は半年分しかなかったので、アメリカに輸出を止められたら日中戦争はやめるしかなくなる。ならばなぜ、勝っている段階で和平の道を探らず、あくまで戦うことを選んでしまったのだろう。

近衛内閣はアメリカとの戦争回避のため、日米交渉を続けていたが、9月の御前会議で「10月上旬まで進展がなければ開戦する」と決定してしまった。結局、交渉はまとまらず近衛内閣は総辞職した。すでに元老の西園寺は死去していたため、次期首相は内大臣を中心とする国家の重臣たちの推薦で決められるようになっていた。木戸幸一《きどこういち》内大臣は、御前会議の決定を白紙に戻すという条件で、対米開戦を主張する陸軍の東条英機《とうじょうひでき》陸相を首相に推薦した。

ところが同年11月、アメリカのハル国務長官が日本に厳しい条件を突きつけたため日米交渉は決裂、12月8日、日本陸軍はイギリス領マレー半島に上陸、海軍はアメリカのハワイ真珠湾基地を奇襲して太平洋戦争に突入したのである。

真珠湾攻撃で大戦果を上げた日本は、白人支配を排して大東《だいとう》亜《あ》共栄圏《きょうえいけん》をつくると喧伝《けんでん》し、東南アジアを含む広大な地域を支配下に入れた。だが、1942年6月のミッドウェー海戦の敗北を機にアメリカは反攻に転じ、1944年7月には絶対防衛圏のサイパン島が陥落、東条内閣は退陣を余儀なくされた。続く小磯国昭《こいそくにあき》内閣は「一億総玉砕」をとなえたが、敵の空襲で諸都市は壊滅し、もはや敗北は時間の問題となった。

ソ連の機械化部隊に歯が立たなかった日本軍

そこで小磯国昭内閣は、中立条約を結んでいたソ連を通じて、アメリカなど連合国に降伏しようと動き出していった。

だが、そもそもソ連は日本の仮想敵国であり、数年前に交戦した相手なのである。

少し歴史をさかのぼって、日ソ関係を振り返ってみよう。

第一次世界大戦中の1917年、ロシア革命が起こってロシア帝国が瓦解し、世界初の社会主義政権であるソビエト政権が誕生した。すると翌年、日本はアメリカやイギリスなど欧米列強とともにシベリアへ出兵した。

孤立したチェコ・スロバキア軍を救うのがその名目であった。

連合国（イギリス）側としてドイツと戦っていたロシアだったが、ソビエト政権は勝手にドイツと講和を結んでしまう。そしてロシア軍とともに戦っていたチェコ・スロバキア軍に武装解除を求めたのだ。チェコ軍はこれを拒否して旧ロシア領内を転々としていた。それを救出しようというわけだ。

だが、大戦が終結して列強がシベリアから撤兵した後も、日本は兵力を増員しつつ同地に駐屯しつづけた。我が国への社会主義の浸透を防ぐためと、可能ならばシベリアを勢力下におこうと考えたのだ。しかしパルチザンの抵抗を受けるなどして、思うように計画は進まず、1922年、何も得ることのないまま、加藤友三郎《かとうともさぶろう》内閣のとき、日本軍はシベリアから撤収した。3年後の1925年、日本は日ソ基本条約を結んでソ連と国交を樹立したが、1932年、関東軍が満州国を建国すると、日本の勢力は直接ソ連と広く国境を接

よくわかる！　太平洋戦争の流れ

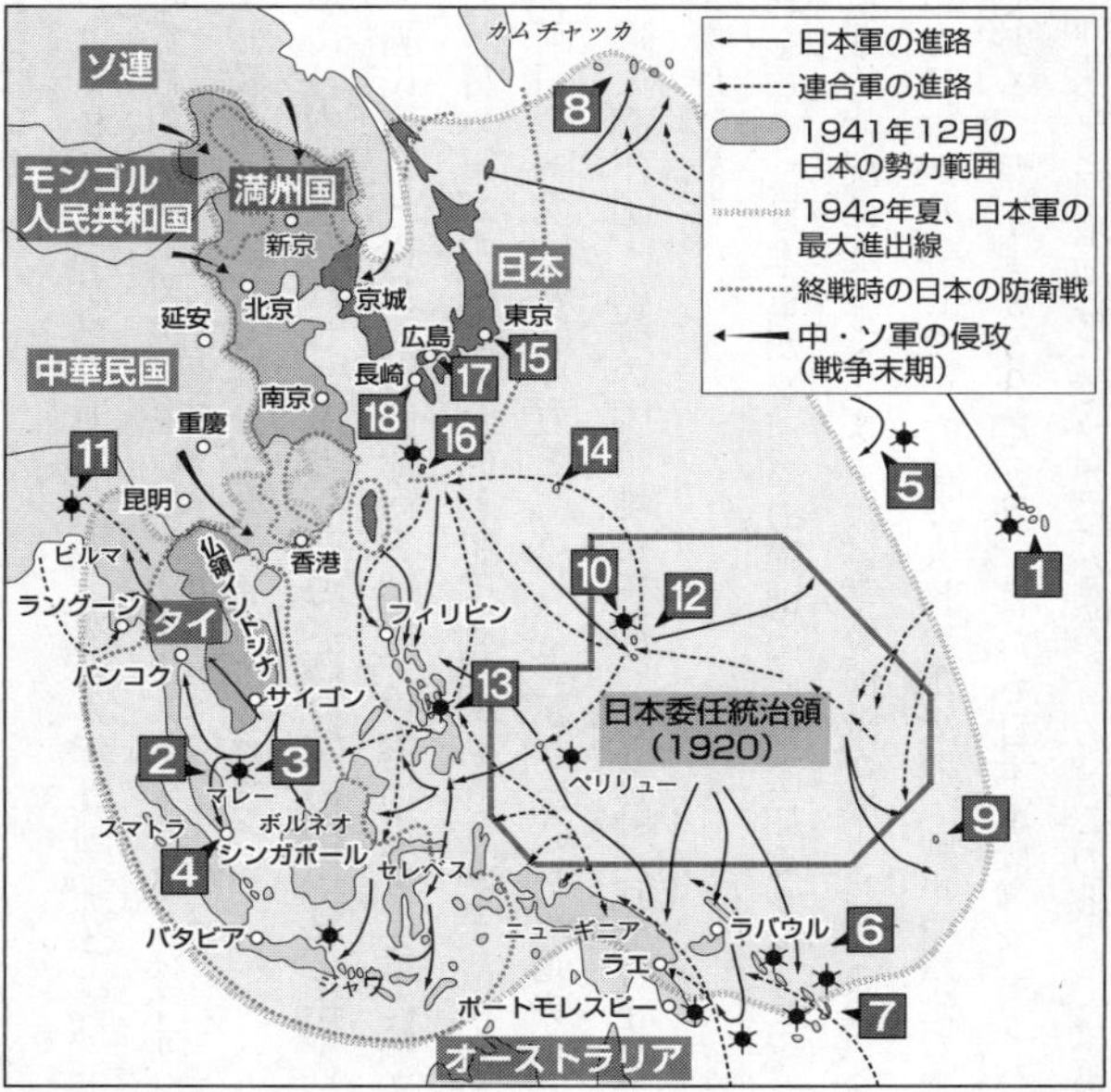

①真珠湾攻撃
（1941.12.8）

②コタバル上陸戦
（1941.12.8）

③マレー沖海戦
（1941.12.10）

④シンガポール占領
（1942.2.15）

⑤ミッドウェー海戦
（1942.6.5）

⑥ソロモン海戦
（1942.8〜11）

⑦ガダルカナル島撤退
（1943.2.1）

⑧アッツ島玉砕
（1943.5.29）

⑨マキン・タワラ島陥落
（1943.11.25）

⑩マリアナ海戦
（1944.6.19）

⑪インパール作戦開始
（1944.3.8）

⑫サイパン島陥落
（1944.7.7）

⑬レイテ沖海戦
（1944.10.24）

⑭硫黄島陥落
（1945.3.26）

⑮東京大空襲
（1945.3.10）

⑯沖縄上陸・占領
（1945.4.1〜6.23）

⑰広島原爆投下
（1945.8.6）

⑱長崎原爆投下
（1945.8.9）

するようになった。

じつは1928年からソ連は、第一次五カ年計画を立てて、工業化と農業の集団化を推し進めており、満州国が誕生した1932年からは第二次計画を発動し、大いに国力を充実させ、満州国国境にも兵力を増強するようになった。

さらに日中戦争がはじまると、ソ連は蔣介石の国民党と手を結んだ毛沢東の共産党を支援し、国民政府と相互不可侵条約を結び、軍需物資を大量に輸送しはじめた。

また、日本軍が中国との全面戦争で満州国の守りが手薄になったのをよいことに、ソ連は満ソ両国の国境付近に兵力を増員し、小競り合いが頻発するようになる。1938年には、ソ連・満州国・朝鮮の国境地帯である張鼓峰《ちょうこほう》（豆満江《とまんこう》下流）において、ソ連軍が陣地の構築をはじめた。

これを知った日本軍がソ連軍の陣地に攻撃を加えたところ、かえってソ連軍に反攻され、危機的状況に陥ってしまった。幸い停戦が成立したことで手痛い敗北は免《まぬか》れたが、ソ連軍は日本が想像していたより大量の重火器（戦車や重砲など）や航空機を所有していたのである。翌年1939年5月、またも日本軍は、ノモンハン（満州国とソ連の影響下にある外蒙古の国境地帯）でソ連軍と激突する。この戦いでは第23師団がまるまる投入されたが、機械化したソ連軍にまったく歯が立たず、約1万7000人の死傷者を出すという大敗北を喫してしまった。

密約を知らぬままソ連に仲介工作を期待した日本

まもなく独ソ不可侵条約が結ばれたため、我が国もソ連と不可侵条約を結ぶべきだという声が強くなった。そうすれば、満州国の国境（北方）は気にせず日中戦争に集中でき、英米との対決を覚悟で南方（東南アジア）へ進出することが可能になる。さらに友好国になれば、ソ連も国民政府への支援を遠慮するだろうと考えたのである。

かくして日本政府は、建川美次《たてかわよしつぐ》駐ソ大使を通じてモトロフ外相に不可侵条約を打診した。けれどモトロフは「日露戦争で日本に割譲した南樺太や千島列島の一部を返還してくれるなら条約を結んでもよい。でもそれは無理な条件だろうから、不可侵条約は結べない。かわりに中立条約ならよい」と回答してきたのである。

しかし1941年、松岡洋右《まつおかようすけ》外務大臣は、モスクワに立ち寄ったさい中立条約の締結を求め、スターリンの独断によって日ソ中立条約が結ばれた。

「日ソ両国の平和友好関係の維持。相互の領土保全と不可侵」を主とする内容で、5年間という時限条約であった。しかしこれは、日本にとっては大いにメリットのあるものだと考えられた。

太平洋戦争で勝ち目がなくなった日本は、前述のように、アメリカに対抗できる国力を持ちつつあったソ連を頼って、連合国に降伏しようと考えたのである。

しかし、である。ソ連は、まったく違うことを考えていた。

1945年2月、ソ連領のヤルタにおいてアメリカのローズヴェルト大統領、イギリスのチャーチル首相、ソ連のスターリン首相が会談をおこなった。このおり、近日中に降伏するであろうドイツの戦後処理が話し合われた。

同時にアメリカとイギリスは、ソ連に対して日本への参戦を秘密裏に強く要請した。するとスターリンは、これを受諾したのだ。ローズヴェルト大統領は、その報償として満州における日本権益及び南樺太・千島列島のソ連譲渡を約束したといわれる。これは秘密条項であり、ソ連はドイツが降伏してから3ヵ月後の準備期間を経て日本に宣戦すると約束した。

よくわかる！　空襲の被害の実態

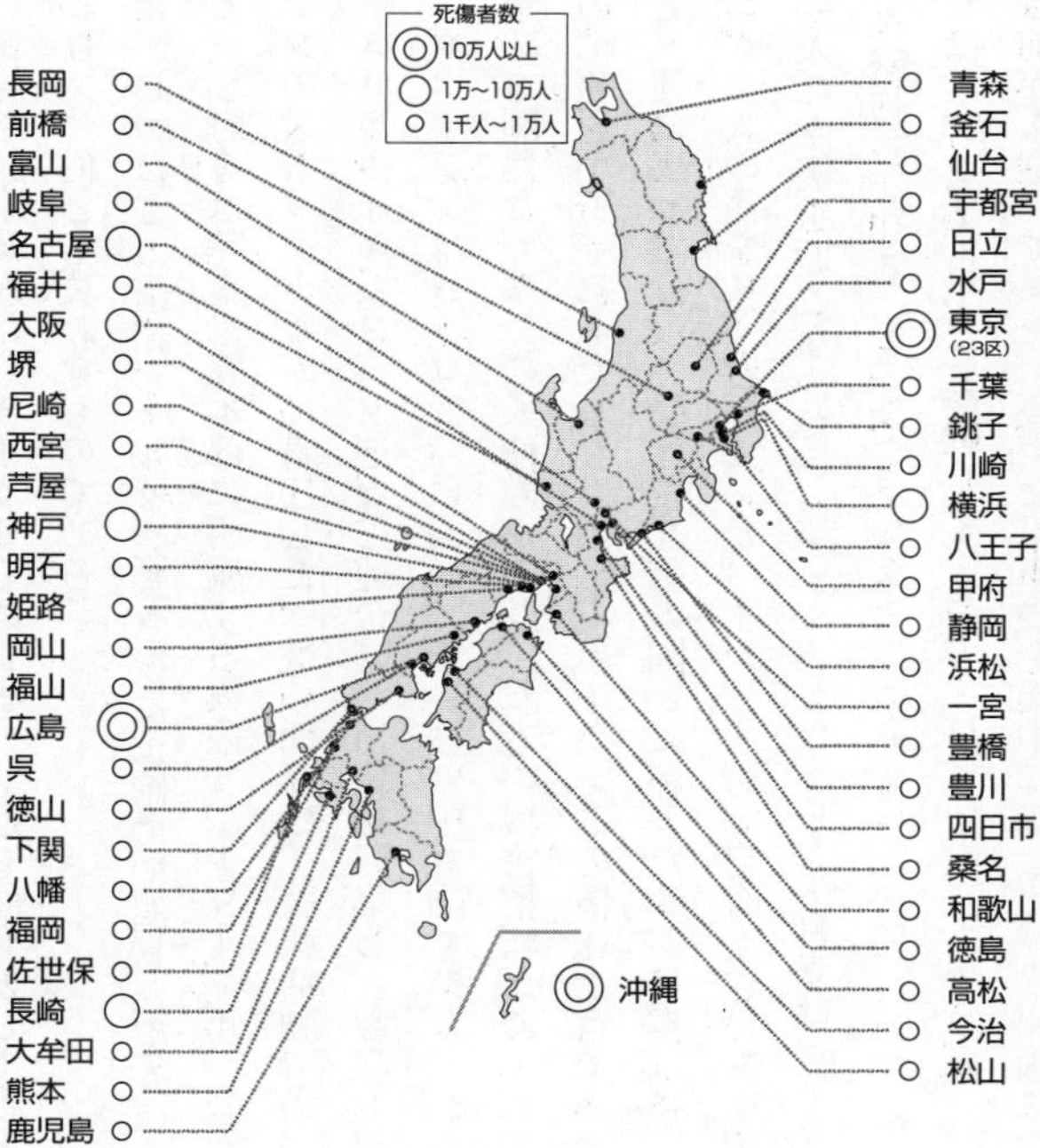

この密約を日本政府は最後まで知らぬまま、ソ連を仲介として戦争を終結しようとしていたわけで、何とも哀れなものである。

ただ、じつはこの情報をヤルタ会談直後に正確に把握した男がいた。それが小野寺信《おのでらまこと》である。小野寺は陸軍参謀本部に所属する大佐で、1941年、公使館附武官としてスウェーデンのストックホルムに着任した。彼の任務は、諜報活動であった。太平洋戦争勃発後、アメリカやイギリス、ソ連など連合国の情報を収集し、参謀本部に暗号で伝達していた。スウェーデンはヨーロッパにおいて数少ない中立国であり、ストックホルムには大戦での敵味方関係なく多くの大使館があり、双方の機密情報があふれていた。

この情報を小野寺にもたらしたのは、ポーランドの情報士官であった。ポーランドはドイツとソ連によって侵攻を受けた悲劇の国家であったが、日本は杉原千畝《すぎはらちうね》など外交官や軍人がユダヤ人の命を多く救っていた。また、小野寺自身も亡命を余儀なくされたポーランドの要人に支援をおこなっていた。そうしたことで小野寺はポーランドからのルートで「ヤルタ密約」を知ることができたのである。

じつは、「ソ連が日本に参戦してくるのではないか」という疑いは、政府や軍の首脳たちも以前から抱いていた。極東に軍事力を集中しはじめ、満州国になだれ込んでくる体制が着々と構築されていたからだ。ただ、中立条約の有効期限は来年まであり、「さすがにそれを破ってまで日本に攻め込んではこないだろう」と楽観視していた。いや、楽観視せざるを得ないほど、当時の日本は追い込まれていたといえる。アメリカに息の根を止められそうになっているところを、さらにソ連が攻めてきたら、日本は完全に終わりだからだ。

小野寺はただちに妻に依頼して、暗号文を用いて「ソ連がドイツ降伏3ヵ月後に対日参戦する予定である」という情報を参謀本部に打電した。

ところが、このきわめて重大な極秘情報に対する本国からの返信は、小野寺のもとに届かなかった。ただ、これまでも返信がないことはよくあったので、小野寺はそれを疑問に思わなかった。

なぜソ連参戦の密約情報は伝わらなかったのか

1945年5月7日、ついにドイツが無条件降伏した。密約のとおりなら、3ヵ月後に確実にソ連は日本が支配する満州や朝鮮に侵攻を開始してくるはず。

だが、相変わらず本国からは密約に関する連絡は、一切小野寺のもとには届かない。しかし、密約を知ってしまっている小野寺にとって、何もせずにじっとしていることは不可能だった。

すでにこれより前、小野寺はスウェーデン王室に和平工作を働きかけていたが、その動きを一気に加速させたのだった。これまでヨーロッパで築き上げた人脈を活かして情報を収集した結果、スウェーデン王室が和平の仲介に乗り出してくれると確信したからである。小野寺は、スウェーデン王室が日本の皇室に親近感を持ち、同時にソ連から圧迫を受けており、「日本がアジアにおいてソ連を牽制するのを期待している」と判断した。

日本の外交官ではない軍人が、こうした交渉を単独でおこなうのはまことに異例のことであった。

だが、6月24日に参謀本部から小野寺のもとに電報が届く。そこには小野寺の「和平工作」を咎《とが》める内容が書かれていたのである。

じつは岡本清福《おかもときよとみ》スウェーデン公使が「小野寺が勝手な行動をしている」と告げ口したことが原因であった。岡本はスイスを仲介とした和平工作を進めており、小野寺の行動は目障りだったのである。同じく陸軍でも、仲介相手としてはソ連にしか期待をかけておらず、これまた小野寺の動きは邪魔だった。

こうして小野寺の和平工作はあっけなくつぶされてしまったのである。

結局、1月半後にソ連の対日参戦は現実のものとなり、それから約1週間後、日本は無条件降伏した。

戦後38年経って、小野寺は驚くべき真実を知る。

自分が送ったはずの「ソ連がドイツ降伏3ヵ月後に対日参戦する予定である」という重大な情報が、陸軍中央や政府に伝わっていなかったことだ。

陸軍参謀本部の高官によって、握りつぶされていたのである。小野寺の情報が届いた時点では、まだドイツも降伏しておらず、参謀本部でも主戦派が圧倒的多数を占めており、敵に痛撃を与えたのち有利な条件で講和に持ち込もうという甘い考えを持っていたからだろう。

ただ、もし小野寺の情報が軍中央にきちんと伝わっていたなら、ソ連に対する防御体制もとれたろうし、ソ連頼みの和平という外交政策も修正できたはず。返す返すも残念なことであった。

だが、歴史に「もし」はない。終戦4ヵ月前の1945年4月、ソ連は日本政府に対し日ソ中立条約の不延期を通告してきた。また、満州国の国境付近ではソ連軍が急に増強された。

そこで軍部は、来年、中立条約の期限が来たら、ソ連は日本に宣戦するだろうと考え、鈴木貫太郎《すずきかんたろう》内閣の東郷茂徳《とうごうしげのり》外相に「外交の力で参戦を阻止してほしい」と要請した。

このため東郷は首相、陸相、海相、参謀総長、軍令部総長6名のみで最高戦争指導者会議を極秘に開催し、「ソ連から好意的中立を獲得するとともに、戦争終結の仲介をさせる」という方針が決められた。

東郷はまず、広田弘毅元総理に頼んで、ソ連駐日大使マリクに終戦の仲介を依頼、さらに「外交特使として近衛文麿元首相を派遣したい」と打診した。けれどすでにソ連は対日参戦を決めていたので、その要請をのらりくらりとかわす態度をとった。それでも日本はソ連に期待しつづけたのだった。

「シベリアに日本人捕虜は存在しない」——ソ連の許しがたい嘘

1945年7月、アメリカ、イギリス、中国の国民政府は、日本軍に対して無条件降伏を要求するポツダム宣言を発した。これに対して鈴木貫太郎内閣は、「黙殺する」と発表、相変わらずソ連に対する和平仲介工作に精を出していた。

アメリカはこの返答に対し、日本が拒否したと判断、8月6日、広島に原子爆弾を投下した。日本は原子爆弾かどうかわからないということで、「新型爆弾」と発表したが、政府と皇室はその被害の甚大さに衝撃を受け、大きく無条件降伏の方向へと動き出した。しかし陸軍は、国体（天皇制）が維持されるかどうかに強くこだわり、無条件での降伏には強く反対した。

しかしそれから2日後の8月8日、ついにソ連軍が日本に宣戦布告し、満州国の国境を越えて大軍で領内へなだれ込んできた。かくしてソ連に仲介して降伏するという淡い期待は、完全に裏切られることになった。もちろん、ソ連の参戦は、日ソ中立条約の期限内のことであった。いくら国際条約だといっても、非常時には一片の紙切れであることを、このとき日本は痛切に思い知ったはずである。

ただ、近い将来、ソ連が侵攻してくることは予想されており、このときすでに関東軍は満州国の大部分の放棄を決めていた。同軍は、朝鮮国境に近い満州東南部でソ連軍に徹底抗戦する計画を立て、陣地も多く構築していた。

だが、この方針は、満州国にいる邦人には一切知らされていなかった。混乱が起こることを恐れたのだろう。つまり日本軍は、国民を見捨てたのである。

また、かつては精鋭を謳《うた》われた関東軍だったが、その精鋭たちも今は転出して沖縄戦に投入されたり、本土決戦にそなえて本土へ戻ってしまい、85万の関東軍は、満州の在郷軍人や本土からの未熟な兵で構成されていた。しかも重火器も太平洋戦線へまわされ、驚くべきことに、関東軍は兵の3人に1人しか小銃を持っていなかったのだ。

そんな貧弱さで機械化したソ連軍にかなうはずもなく、たちまち満州国は蹂躙《じゅうりん》された。さらにソ連軍は、南樺太や千島列島にまで上陸してきた。そして日本が無条件降伏した8月14日を過ぎても軍事行動をやめず、朝鮮半島へも侵攻してきた。

このソ連の侵攻により、日本の軍人・民間人を含めて、およそ60万人が捕虜となった。国際軍事規定により、捕虜の命は尊重されることになっていたし、ポツダム宣言にも武装解除された軍人は、家庭に復帰して日常生活に戻る機会を与えられることになっていた。ところがソ連は、日本人捕虜の多くを抑留し、集団でシベリアへ送り込み、バム鉄道の建設工事など厳しい強制労働に使役したのである。

シベリアという極寒地域での重労働であり、粗末な食事しか与えられなかったため、日本人の捕虜は次々と死んでいった。

そこで日本政府は、アメリカ政府にその不当を訴えた。このためアメリカはソ連に対し、日本人捕虜の送還を求めたが、ソ連側は「送還すべき日本人捕虜は存在しない」と断言したのである。ただ、その後の粘り強い交渉により、1946年からようやく捕虜の送還がはじまり、それは1956年まで続いた。この間、約6万人の日本人捕虜が死亡したといわれるが、なぜかこの悲劇は学校の授業ではあまり取り上げられることはない。

北方領土が返還されない本当の理由

日本とロシアの最大の外交問題は、やはり北方領土問題であろう。

なぜこの問題が発生したのか。どうすれば解決するのか。そのあたりのことについて語っていこう。

先に述べたように(194ページ)、太平洋戦争末期、ソ連はヤルタ密約にしたがい、日ソ中立条約を破って満州や朝鮮、樺太、さらには千島列島に軍隊を投入してきた。

千島列島は1875年、樺太・千島交換条約によって日本が正当に手に入れた領土である。とくにそのうち北方四島(国後《くなしり》島・択捉《えとろふ》島・歯舞《はぼまい》群島・色丹《しこたん》島)は、19世紀から幕府が領有を国際的に主張し、1854年の日露和親条約でも我が国の領土と規定された。

1951年、日本は連合国との間でサンフランシスコ平和条約を結んで、翌年、独立を回復することになった。このとき日本政府は、正式に千島列島を放棄した。ただ、北方四島については固有の領土として、日本政府はソ連が占領している四島の返還を求めた。しかしソ連は、これを拒否したのである。

付け加えておけば、ソ連はサンフランシスコ会議には出席したが、日本との講和条約は結ばなかったので、日本が独立してからも国際法上は交戦状態にあり、正式な国交もなかった。

ただ、1954年にスターリンが死去すると、こうした異常な状態を修正しようという動きが起こり、モトロフ外相が日本に関係の正常化を呼びかけてきた。独自外交をかかげる鳩山一郎《はとやまいちろう》内閣はそれに応じようとする動きを見せ、元駐日ソ連代表部ドムニツキーが鳩山邸を来訪、国交正常化の動きが本格化する。

そして松本俊一《まつもとしゅんいち》を全権として、ロンドンにおいてマリク全権との間で日ソの国交回復交渉がはじまった。ただ、やはり北方領土問題で折り合いがつかず、この交渉は失敗に終わった。

1955年1月、日ソ交渉が再開されたが、またも領土問題で膠着状態となって中断してしまう。そうしたなか、ソ連は突然、日本がおこなっていた北洋漁業を制限すると通告してきた。このため河野一郎《こうのいちろう》農相がモスクワへ向かい、日ソ交渉再開を条件に日ソ漁業条約が5月に調印されたのである。

こうして同年7月、重光葵《しげみつまもる》外相と松本俊一が全権としてモスクワにわたって3度目の交渉がはじまった。だが、ソ連はどうしても北方四島のうち、国後島と択捉島の返還には応じようとしなかった。ここにおいて重光は、二島返還を条件として日ソ平和条約の締結を決断した。ところが、である。

この事実を知ったアメリカのダレス国務長官が「それならば、我が国は沖縄を永久に占領する」と警告してきたのである。同時にアメリカは「ヤルタ密約は法的拘束力を持つものではないし、北方四島は日本の固有の領土である」と断言したのだ。これにより日ソ交渉は、またも失敗に終わったのである。

しかし日本政府は、どうにかして日ソの国交は正常化したいと考え、非公式ルートで独自にソ連と交渉を進めた。その結果、1956年10月、鳩山首相自らが全権としてソ連を訪れることとなり、日ソ共同宣言と通商航海議定書の調印に至ったのである。

こうして日ソの国交が正常化したことにより、日本は国際連合に加盟が認められた。国連の安全保障理事会では、常任理事国（五大国）が一国でも反対すれば決議は成立しない。日本は国連への加盟を希望してきたが、ソ連は日本と交戦状態にあることを理由に、アメリカ側に属している日本の国連加盟について、理事会で拒否権を発動してきた。そんなソ連も日ソ共同宣言が締結されると、ようやく日本の国連加盟を認めたのである。1956年12月18日のことであった。こうして日本は国際社会に完全に復帰できたわけだ。

なお共同宣言では、平和条約が締結されたのちに歯舞群島と色丹島を引き渡すというソ連の意向が表明された。しかしその後なかなか領土問題は進展せず、ようやく1973年、田中角栄《たなかかくえい》首相がブレジネフ書記長と会談をおこなったさい、「北方領土問題は、平和条約の締結により解決されるべき未解決の問題」であることが確認された。が、その後も平和条約は締結されず、さらに20年後の１９９３年には細川護熙《ほそかわもりひろ》首相、続いて小渕恵三《おぶちけいぞう》首相がロシアのエリツィン大統領と会談、「２０００年までに日露平和条約を結び、北方領土問題も真剣に話し合うことが確認された」。だが、その期限もとっくに過ぎ、現在も北方領土問題についてはまったく進展がみられていない。

10年以上政権を握っているプーチン大統領は、北方領土問題の解決についてはかなり意欲的な発言をしてきた。「引き分け」という日本語を用いたり、「どんな問題でも解決することは可能だ。そのためには対話が必要だ」と述べてきた。けれども、おそらくロシアは北方四島すべてを日本に返す気はないだろう。どんなに譲っても二島返還であり、国後島と択捉島は決して手放さないと思う。ロシアは他にも同様の領土問題を抱えており、そんなことをすれば、他にも影響をおよぼすからだ。

残念なことだが、それが今の北方領土問題の現状なのである。とくに近年は、ますます北方領土が返還される可能性が低くなっている。

プーチン大統領は２０１８年11月、前提条件なしで平和条約を結びたいと提案してきたのだ。

これは日ソ共同宣言での色丹島と歯舞群島の引きわたし前提での平和条約締結をたな上げにするという意味にもとれる。

さらにプーチン政権は2019年1月、安倍首相の「北方領土には多数のロシア人が住んでいるが、彼らに帰属が日本に変わることについて納得・理解してもらうことが必要だ」という発言に大きく反発。正式にロシア政府は日本に抗議してきた。このように現在、北方領土問題は前進するどころか、後退しつつある状況が生まれているのである。

8

安保関連法案のどこが問題なのか？

——占領期の日本と独立

安保関連法案の問題点とは

安倍晋三《あべしんぞう》内閣は、これまでの憲法の解釈を大きく変更し、2015年7月に集団的自衛権の行使を容認できる「安全保障関連法案」を野党の反対を押し切って衆議院で通過させた。世論調査によれば、国民の過半数は本国会で法案を通過させることに反対していたにもかかわらずである。

法案が衆議院を通過すると、反対デモが各地で発生した。しかし安倍内閣は民意に配慮せず、与党は参議院でこの案を議決し、成立させてしまった。安倍内閣は、国民の高い支持率を得て議会で絶対多数を握っていることから、「安全保障関連法案」を通過させたのだろうが、この間、内閣の支持率は急低下した。

それにしても、この法案はいったいなにが問題なのか？

そのあたりについて解説しよう。

そもそも集団的自衛権とは、「国連憲章第51条で加盟国に認められた、ある国が武力攻撃を受けた場合、これと密接な関係にある他国がその武力攻撃に協同して反撃する権利。

自衛権の一種」（『広辞苑』）である。

日本も国連の加盟国ゆえ、集団的自衛権は認められているのではないか。そう考えるのは誤りである。

私たちの日本国憲法は、集団的自衛権の行使は認めていない。それが日本の法学者の大多数の見解である。

「1、日本国民は、正義と秩序を基調とする国際平和を誠実に希求し、国権の発動たる戦争と、武力による威嚇又は武力の行使は、国際紛争を解決する手段としては、永久にこれを放棄する。

2、前項の目的を達するため、陸海空軍その他の戦力は、これを保持しない。国の交戦権は、これを認めない」

いうまでもなくこれは、日本国憲法第9条の条文である。

世界でも類を見ない「戦争の放棄」、「戦力の不保持」、「交戦権の否認」を明記したもので、この文章を素直に読むかぎり、日本には集団的自衛権の行使は認められていないのは明らかだろう。

つまり、「安全保障関連法案」は違憲の可能性が高い法律であり、それを議会で通過させたから問題なのだ。原則的に言えば、「安全保障関連法案」を成立させるためには、まずは憲法を改正する必要があるわけだ。

日本人のなかには集団的自衛権の行使は、国家として当然の権利だと考えている人も多い。これまで歴代内閣の多くもそうだろう。だが、憲法の改正は、実際上困難だった。というのは、憲法第96条では、国会で改正を発議するのに衆参各議院の総議員の3分の2以上の賛成が必要で、さらに国民に提案して国民投票をおこない、その過半数の賛成がなければ改正できないことに決まっているからだ。

ところが今の安倍内閣では、少なくても憲法改正できる絶対的多数は握っている。にもかかわらず安倍内閣は、これまでの改憲派内閣さえもしなかった「憲法解釈の変更」というかたちでもって、今回の法案を議会で通し、集団的自衛権を行使できるようにしたのである。前代未聞の政治手法だといえる。

それにしても、なぜ日本国憲法は、集団的自衛権を認めていないのか。それについては憲法の成立過程をきちんと知る必要があるだろう。

民主化の総仕上げとして公布された日本国憲法

１９４５年8月14日、日本が連合国に無条件降伏すると、マッカーサー元帥を最高司令官とする連合国軍総司令部（ＧＨＱ）が日本の統治機関として東京に設置された。

日本の統治方法はドイツと異なり、軍政は敷かれなかった。ＧＨＱが日本政府に対して指令を出し、それに基づいて日本政府が国民を統治する（間接統治）という手法がとられたのだ。

ただ、日本統治の最高機関はＧＨＱではなく、ワシントンに置かれた極東委員会だった。しかし、同委員会の決定はアメリカ政府に伝えられ、アメリカ政府の取捨選択を経てＧＨＱに伝えられたので、結局、日本はアメリカ政府の思うとおりに統治されることになった。なお、東京にはＧＨＱの諮問機関として対日理事会が設置されたが、マッカーサーがほとんど諮問しなかったので、あまり機能しなかった。

こうして実質的にはアメリカに単独統治された日本は、二度とアメリカに逆らえぬよう、徹底的に民主化と非軍事化が断行された。

戦後最初の内閣は、東久邇宮《ひがしくにのみや》稔彦《なるひこ》を首相とする皇族首班内閣だった。同内閣は「1億総懺悔《ざんげ》」をかかげて日本の再建を目指したが、ＧＨＱが次々と繰り出してくる民主的な指令に対応できず、54日間で総辞職してしまった。

次に組閣したのは、戦前、対英米協調外交を展開した幣原喜重郎であった。この幣原首相に対しマッカーサーは、「婦人の解放、労働組合の結成、教育の自由化、圧政的諸制度の撤廃、経済の民主化」という五大改革指令を口頭で命じた。

幣原内閣とそれに続く第一次吉田《よしだ》茂《しげる》内閣は、この五大改革指令にそって、次々と民主化政策を推進していった。女性に参政権を与え、労働者を保護する労働三法を制定、教育基本法や学校教育法もつくられ、教育の自由化がはかられた。

さらに国民の思想を取り締まった特高警察や治安維持法が撤廃され、戦争に協力した各界の指導者は公職から追放され、東条英機元首相ら戦争犯罪者（Ａ級戦犯）は東京裁判で厳しく裁かれた。ただ、昭和天皇が戦争責任をとらされることはなかった。マッカーサーが昭和天皇の人柄に感激し、天皇に戦争責任を負わすべきではないと主張したからだといわれるが、単に理由はそれだけではなかろう。当時の天皇に対する日本国民の崇敬《すうけい》ぶりを見れば、その存在を占領統治に活用できると誰もが考えるはず。ただ、ＧＨＱは天皇に対

よくわかる！
連合国の日本統治組織

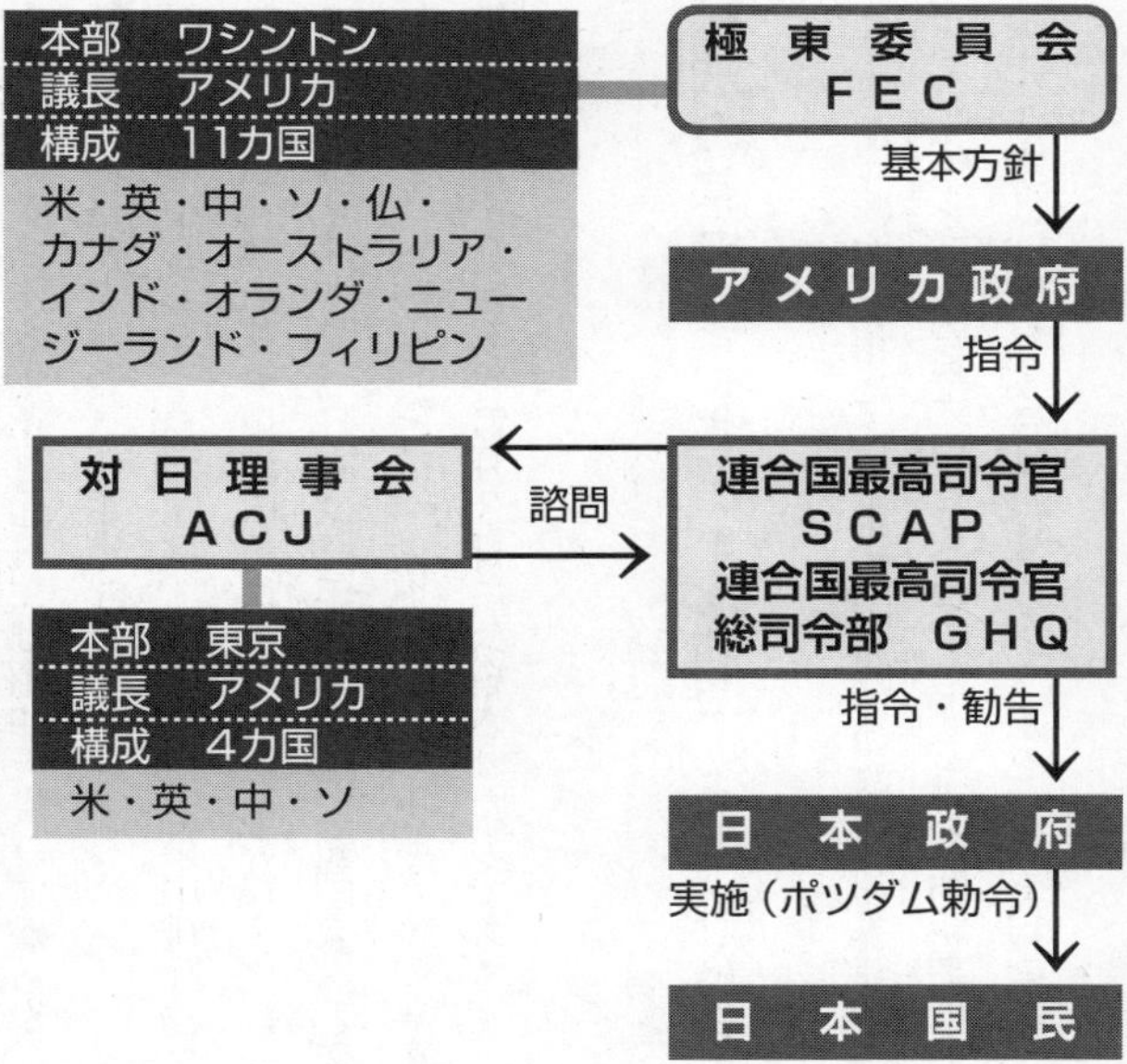

する批判を奨励し、1946年正月元日には昭和天皇みずからが、いわゆる人間宣言を発し、国民に天皇の神格化をはっきり否定した。

また、兵器生産の中心となった財閥は、過度経済力集中排除法などが制定されて解体されることになり、独占禁止法や農地改革によって経済の民主化は一気に進展していった。

このように驚くべき速さで、日本は数年間で民主主義国家へと変貌を遂げていった。

そんな民主化の総仕上げとして、「主権在民、基本的人権の尊重、平和主義」を三原則とする日本国憲法が1946年11月3日に公布されたのである。

日本国憲法の草案はわずか1週間でまとめられた

マッカーサーは、幣原首相に大日本帝国憲法の改正（新憲法の制定）を指示した。そこで幣原首相は、松本烝治《まつもとじようじ》国務大臣を委員長とする憲法問題調査会を発足させた。調査会がつくった憲法草案は、大日本帝国憲法に少し手をいれた程度の、非民主的な内容であった。

これを目にしたマッカーサーは「今の日本人の手で民主的な憲法を作り上げるのは無理だ」と判断、GHQのホイットニー民政局長に憲法草案の起草を命じた。そこでホイットニーは、民政局員二十数名を選び、ケーディス大佐をリーダーとして早急に草案を作成させたのである。信じがたいことに、草案はわずか1週間程度でまとめられたとされる。

完成したGHQ案は、今の日本国憲法の中身と大きく変わらない。すでに「国民主権・基本的人権の尊重・平和主義」という三大原則も含まれ、戦争の放棄も盛りこまれていた。日本が二度と軍国主義国家にならぬよう、他に例を見ない条項を挿入したのである。

政府首脳は、戦争の放棄というあまりに斬新な内容に衝撃を覚え、GHQ案にかなり手を加えた。「主権」という語を改変し、憲法の前文を削り、国民の自由に制限をもうけるなどして、政府原案を作成したのだ。だが、GHQは断固日本政府の改変を認めようとせず、仕方なく政府はGHQ案を政府原案として、天皇の同意を得たうえで帝国議会にはかったのである。憲法案は議会において多少の修正がなされたうえで、日本国憲法として発布された。

こうした成立経緯を見れば、改憲論者が主張するように、現在の日本国憲法は、アメリカによって押しつけられたものであるという見方もできる。それに、日本はこの憲法によって、武力を持つことを許されず、他国との紛争が起こっても戦うという選択肢を選べなくなったのである。そうしたことから、保守派の人びとは長い間、憲法改正、自主憲法の制定を主張してきた。

２０００年、参議院憲法調査会において、憲法草案の作成に関与した元ＧＨＱ民政局員ベアテ・シロタ・ゴードン氏とリチャード・Ａ・プール氏が参考人として招かれた。このおり、「日本国憲法はアメリカの押しつけではないか」という質問が出席者からなされた。

これに対してプール氏は、「憲法改正案が内閣の合意と国会の承認を経ているのだから、押しつけとは思わない」と述べた。またゴードン氏も、「日本の憲法は、アメリカの憲法よりもすばらしい。すばらしいものを押しつけたというのは正しくない」と主張している。

さて、すでに日本国憲法が制定されてから70年以上が経っている。我が国の現状と憲法の内容に齟齬《そご》が出てくるのは当たり前の話だ。

たとえば同じ敗戦国であるドイツなどは、これまで数十回にわたって憲法を改正してきている。なのに日本は、憲法改正の条件が厳しすぎて一度も改正されていないし、改正が制度上困難なゆえに、国民も真剣に憲法改正についての議論を重ねてこなかった。

ところが、安倍内閣が違憲の疑いのある「安全保障関連法案」を徹底的な審議をせず、また、国民の理解をきちんと得ることなく、数の論理によってすんなりと議会で通過させてしまった。そんな民主主義の危機的状況が突然現れたのである。

当初国民は、「安全保障関連法案」についてそれほど関心を持っておらず、学者がその危うさを声を大にしてマスコミで叫びはじめたことで、ようやく理解するようになった。何とも情けない話であるが、こうした政治的無関心が「安全保障関連法案」の成立を生み出したわけだ。

ただ、じつは解釈の変更によって憲法が曲げられたのは、今回の安倍内閣が最初ではない。憲法を押しつけたとされるアメリカ自身がまっ先に違憲に手を染めたのである。

「陸海空軍その他の戦力は、これを保持しない」という憲法9条の観点に従えば、明らかに自衛隊は憲法違反であろう。誰がどう見ても、自衛隊は軍隊である。ところが1950年に朝鮮戦争が勃発して日本国内のアメリカ軍が朝鮮半島に投入されると、その軍事的空白を埋めるため、アメリカは日本政府に命じて警察予備隊を創設させた。警察と名が付いていても、旧日本軍人も含まれ、確かにそれは軍隊であった。日本がアメリカから独立すると、警察予備隊は保安隊と改称、その後、冷戦構造のなかでアメリカから一層の軍事力増強を求められ、自衛隊と名をかえたのである。2014年現在、日本の軍事予算は円安にもかかわらず、世界第8位である。もちろん人件費の高さもあるが、それでも日本は世界の軍事大国なのである。

そんな世界でも最強レベルの軍事力を持つ自衛隊だが、「戦力を保持しない」という日本国憲法が足かせとなって国際的な平和維持活動が満足にできない状況にある。同盟国たるアメリカを補佐できないことも問題視されている。そうした現状に鑑《かんが》みて、安倍内閣は集団的自衛権を容認する法案を通したのだ。

だが、安倍首相は、憲法解釈の変更という禁じ手を使ってしまった。なぜきちんと時間をかけて、憲法96条を改正し、そのうえで9条について国民全体で時間をかけて話し合うというプロセスを踏まなかったのだろう。日本は少なくても、民主主義国家であるはずだ。

なお、憲法改正については、これを機に国民全体でしっかり論議すべきであろう。9条だけでなく、環境保護やプライバシーの保護といった今の憲法に含まれないものについても話し合う必要があろうし、核兵器の不所持、外国軍の基地設置の禁止について議論すべきだ。時間はかかるだろうが、徹底的に議論し、話をし尽くしたのち、最終的に個々人の判断によってその是非を決める。それが真の民主主義国家というものであろう。

アメリカの特権・日米地位協定が結ばれた理由

憲法の制定過程でもわかるとおり、アメリカは、無条件降伏した日本を二度と自国に逆らえないような弱い国家に改変してしまおうと考えていた。だが、米ソの冷戦がはじまり、1948年に朝鮮民主主義人民共和国が誕生し、1949年には毛沢東の中国共産党が蔣介石の国民党を台湾へ追いやって中華人民共和国をつくった。このように東アジアの社会主義化が進むと、対日占領政策は大きく変化する。

日本を経済的に支援し、できるだけ早く独立させて東アジアにおける自由主義陣営の強力な砦《とりで》にしようと方針を転換したのだ。

1950年、マッカーサーは吉田茂内閣に対して、経済安定九原則の実行を命じた。さらに翌年、アメリカ政府はドッジ（銀行家）を特別公使として来日させた。彼は日本政府に対して赤字を許さない超均衡予算を編成させた。この時期、日本はすさまじいインフレに見舞われ、なおかつ、政府が多くの企業に対して補助金を与えるなどしていた。ドッジは緊縮財政を断行させ、日本経済を自立させようとしたのだ。同時に単一為替レート（1ドル＝360円に固定）を設定した。これは実際の相場より、かなりの円安だった。日本の製品を海外へ輸出しやすくしたのである。

この一連の施策をドッジ・ラインと呼ぶが、これにより一時的にデフレが起こり、会社の倒産が増え、失業者も増加してしまった。このため労働運動がより激化していった。するとGHQは、これまで奨励してきた労働運動を抑制する方向に舵《かじ》をきり、さらに労働運動を盛り上げていた日本共産党幹部の公職からの追放を政府に指示したのである。

同じく1950年、北朝鮮が韓国に軍事侵攻して朝鮮戦争がはじまった。すると、在日アメリカ軍の大半が朝鮮半島へ出撃してしまい、先に述べたように（219ページ）、その軍事的空白を埋めるため、GHQは日本政府に警察予備隊を新設させた。こうして日本の再軍備が断行された。当時の革新勢力は、こうした施策は戦前への逆戻り、つまり「逆コース」だと強く非難したのだった。

日本がアメリカに占領されてから5年が過ぎると、国内では独立についての議論が高まっていった。独立するためには、第二次世界大戦（日中・太平洋戦争を含む）での交戦国と

よくわかる！
冷戦による占領政策の変更

1947.1.31	GHQ、二・一ゼネストの中止命令
1948.7.31	マッカーサー書簡により、政令201号公布 **公務員の争議権・団体交渉権の停止**
49. 7.5	**下山事件**
7.15	**三鷹事件**
8.17	**松川事件**
10.1	中華人民共和国誕生
50. 1.1	マッカーサー「憲法は自衛権を否定せず」と声明
6.25	朝鮮戦争が勃発
7.8	**警察予備隊成立、** マッカーサー、**海上保安庁増員を命令**
7.28	新聞・通信・放送など報道機関のレッド＝パージ開始
9.1	政府、公務員のレッド＝パージの決定
10.13	政府、10,090名の追放を解除
51. 1.1	マッカーサー、集団安全保障と講和を強調
4.11	マッカーサー罷免
6.20	政府、政財界2,958名の追放を解除
9.8	**サンフランシスコ平和条約、** **日米安全保障条約に調印**

講和条約を結ぶ必要がある。

ただ、講和にあたっては、全面講和（戦った連合国すべてとの講和）か単独講和（自由主義国陣営だけとの講和）かの議論に揺れたが、冷戦が激化しているなかで、社会主義国がアメリカ主導型の講和に応じるとはとても思えなかった。そこで吉田茂内閣は、現実的な単独講和を選び、１９５１年、48カ国との間でサンフランシスコ平和条約が結ばれた。

こうして翌１９５２年４月28日、日本はようやく独立して主権を回復したのである。

ただ、アメリカの進駐軍は、そのまま日本に駐留を続けることになった。アメリカ軍に基地を提供する日米安全保障条約が同時に結ばれたからである。

この日米安保条約とに基づき、同１９５２年に日米行政協定が結ばれた。この協定は、１９６０年の日米地位協定に引き継がれていった。

この協定によって、アメリカ軍は日本で特権を認められることになった。アメリカ兵が国内で犯罪を犯したさい、公務執行中の場合はアメリカ軍が第一次の裁判権を持つと規定されたのだ。また、日本側に裁判権がある場合でも、アメリカ軍にその身柄があれば、公訴の提起まで身柄の引き渡しを受けることができず、アメリカ側から第一次裁判権の放棄要請があった場合、日本側は好意的に考慮しなければならないとされた。さらに、日本への出入国についてアメリカ兵は、身分証明書や集団旅行命令書があれば自由に出入りできることになった。そのうえ、アメリカの管理下で公的に運航される船舶・航空機については、入港料や着陸料・道路使用料などが無料となった。驚くべきことに、アメリカ軍の事故による補償のうち25％は日本政府の負担となった。

岸信介内閣退陣を求めるデモで死者も出た60年安保闘争

日米安保条約は、その期限が明示されておらず、アメリカの日本防衛義務も明文化されていないといった不備があった。さらに、日本で内乱が勃発したとき、アメリカ軍の軍事行動を容認する事項も含まれていた。こうした不平等な条項を改正して、双務的なものへ改正しようと考えたのが岸信介《きしのぶすけ》内閣であった。

岸首相は、安保改定に乗り出すにあたり、国防会議を開いて日本の国防方針を策定し、これに沿って防衛力の整備を進めることにした。日本の努力をアメリカに示すことで、これまで安保改定に難色を示してきたアメリカを軟化させようとしたのだ。

この頃アメリカも、海外の基地を縮小し、米軍基地がある国に対して一層防衛努力を払ってもらおうと考えていたので、それも追い風となり、日米間協議はスムーズに進み、「新安保条約の期限は10年。米軍に日本防衛の義務がある。米軍の軍事行動については、日本政府と事前に協議する」という内容で、1960年1月、日米間で新安保条約が調印された。

ただ、この頃は日本国内の革新勢力は非常に強く、日米安保条約そのものを否定する声が高く、安保闘争という空前の反対運動が起こった。

日本社会党、日本共産党、さらに労働組合の総評などの134団体で構成された安保改定阻止国民会議や全学連が中心となり、一般の国民を巻き込んで大規模なデモ活動が展開されていった。参加人数は10万人、さらに15万と急激に膨張し、デモ隊は連日国会を取り巻き、ときには国会や首相官邸に乱入するようになった。

ところが岸信介内閣はこれに耳を傾けようとせず、警官隊数千人を動員して抑えようとした。同年5月19日、岸内閣は衆議院内に警官隊500人を引き入れ、与党の自民党だけで日米安保条約の批准を強行採決してしまった。

ちなみに院内への警官隊導入は、国会の会期延長のためと考えていた国民が多く、まさ

1960年6月18日、「安保阻止」で国会前に33万人が押しかけた　　　（写真／毎日新聞社）

か強行採決するとは思ってもおらず、その強引さに衝撃を覚えた人も多かった。このため以後は、安保反対闘争に加え、岸内閣退陣運動が盛り上がっていった。すると自民党反主流も、岸内閣に対する世論を利用して倒閣に動いた。岸内閣退陣を求めるデモ隊は連日国会を包囲し、警官隊ともめたさい東大生の樺《かんば》美智子《みちこ》さんが死亡するという痛ましい事件が起こった。すると世論はますます激昂し、なかには「岸を殺せ」という物騒なプラカードを掲げる者も現れるようになった。このような大混乱のなかで、日米両政府はアイゼンハウアー米大統領の訪日を断念せざるを得なくなった。

新安保条約批准案は、衆議院優勢の原則により、参議院の議決をみないまま、30日後の同年6月に自然成立した。これを見届けたうえで、岸内閣は総辞職したのだった。

まるで植民地!? 差別的な扱いを受けてきた沖縄

日本に米軍基地はいらない。その思いが高じて安保闘争に発展したわけだが、あれから半世紀以上が過ぎた現在も、日本各地に米軍基地が存在している。

都道府県のなかでその比率が多いのは、いうまでもなく沖縄県である。なぜ沖縄県に米軍基地が集中しているのか。それを理解するためには、沖縄の特殊な歴史を知らなくてはならない。

2015年、名護《なご》市の稲嶺進《いなみねすすむ》市長はワシントンでアメリカの市民団体とアメリカ軍の普天間《ふてんま》基地の名護市辺野古《へのこ》への移設について意見交換をしたが、このおり、沖縄の現状を「植民地と言っても過言ではない」と述べ、沖縄に米軍基地が集中しているのは差別的待遇を受けているためであり、日米両国政府は、基地移設賛成派と反対派というように「県民同士を対立させ、分断させ」ており、それは「植民地政策の常套《じょうとう》手段だ」と批判した。

植民地というのは言い過ぎかもしれないが、確かに稲嶺市長がそう発言する気持ちは理解できる。

周知のように沖縄県は、室町時代から江戸時代初期には琉球《りゅうきゅう》王国という独立国であった。つまり日本とは、まったく別の国家だったのだ。ところが1609年、薩摩の島津氏が琉球に攻め入ってこれを占領してしまう。そして貿易の利益を吸い上げるため、薩摩藩は琉球に独立国の体裁をとらせ、清国に朝貢させてきたのだ。ゆえに清国は、琉球王国を属国だと考えてきたが、明治維新後、日本政府は強引に琉球を日本の領土に併合してしまった。ただ、その後も沖縄県民に参政権を与えないなど、明治時代はかなり差別的な政策をとってきた。

それだけではない。太平洋戦争末期、沖縄県は捨て石にされた。

1945年になると、太平洋戦争での日本の敗北は決定的となった。そこで日本政府と軍部は、できるだけ有利な条件で終戦に持ち込むため、本土決戦によってアメリカに一度だけでも大打撃を与えてから講和交渉に入ろうと考えた。

このため、それまで本土防衛の前線として死守する予定であった沖縄県は、本土決戦に備えるための時間稼ぎ、すなわち捨て石にすることにしたのだ。沖縄には牛島満《うしじまみつる》中将を司令官とする第32軍（陸軍8万3000人、海軍が8000人）が駐屯していたが、戦略の変更によって、軍中央は水際で上陸を阻止する作戦をやめさせ、米軍をあえて上陸させ、本島南部に構築した堅固な陣地で持久戦を展開する方針に切り替えた。さらに、時間稼ぎのために在郷軍人だけでなく、17歳から45歳までの男子すべてを義勇隊・防衛隊などに編成、戦力として投入することに決めた。4月1日、アメリカ軍が沖縄県に上陸を始めると、日本軍は60歳以上の老人や15歳以下の子どもも戦わせる方針をとった。

沖縄本島に襲来したアメリカ軍は、空母19隻、戦艦20隻を含む艦船1457隻という想像を絶する大勢力であり、激しい艦砲射撃ののち、約18万3000人が重火器を所持して本島中部の北谷《ちゃたん》・読谷《よみたん》から上陸してきた。

日本軍は敵を島に引き入れたうえで、中部の首里《しゅり》城《じょう》付近で頑強な抵抗をみせ、しばらくの間、日米両軍の一進一退の攻防が続いた。そうしたなか、10代の少年で構成された鉄血勤皇隊がアメリカ軍の戦車に飛び込んで自爆するなど、信じがたい肉弾攻撃があちこちで展開された。決死の覚悟で深夜の斬り込みもたびたびおこなわれた。このためアメリカ側は2万以上の死傷者を出し、精神を病む兵士が続出した。

しかし日本側の犠牲のほうが圧倒的に多く、日本兵はこの戦いで7割が戦死した。

さらに多く犠牲になったのは、いうまでもなく沖縄県民だった。県民は日本軍の近くにいるのを安全だと信じ、軍と行動を共にした。アメリカ兵は、捕虜にした日本人を拷問したり、陵辱し、惨殺すると思い込んでいたからだ。また捕虜になるのは死よりも恥ずべきことという教育が徹底されていたことも大きい。実際、膠着《こうちゃく》する戦いに怒ったアメリカ兵が庶民が潜んでいる洞窟に無差別に火炎放射器をあびせかけたり、銃を乱射して殺害するケースも少なくなかった。

だが、最も悲惨だったのは、日本兵に集団自決を強要されたことであろう。

混乱する「集団自決」記述と教科書検定問題

2007年3月、文科省は2009年度から使用する高校日本史の教科書の検定結果を公表した。新しい教科書は、沖縄戦における「集団自決」の記述が変化していた。「沖縄住民の集団自決は、日本軍が強制したり、命令した」と書く教科書が多かったが、検定ではそうした表現は誤解を与える恐れがあるとして、日本軍の強制・命令を削除するよう求める意見を付したのである。軍の関与を示す文書はないうえ、元軍人が名誉を傷つけられたと裁判を起こしており、係争中の問題だというのがその理由であった。

この検定結果が公になると、沖縄県では大きな反発が起こった。研究者のなかにも関東学院大学の林博史《はやしひろふみ》教授はじめ、この決定に反対する人々が多く現れた。林教授は、この検定結果について「日本軍の加害性を削除させ、日本軍への否定的なイメージをなくすこと、そのための突破口として『集団自決』がねらわれた印象を受ける」(「沖縄戦『集団自決』への教科書検定」――「歴史学研究2007年9月号所収」青木書店)とし、この検定意見は今までの研究の蓄積を無視し、沖縄県民の気持ちを踏みにじるものだと非難した。

沖縄県民の怒りの声を受け、同年6月22日、沖縄県議会は「集団自決」の教科書記述から日本軍の関与を削った検定の撤回を文科省に求めることを全会一致で可決した。与党も野党も関係なく議員全員が可決したことで、沖縄県民がどれほど怒っているかがよく理解できる。

9月には教科書検定に抗議する沖縄県民大会が開かれ、数万人の県民がこの集会に参加した。すると、考えられないことが起こった。一度決まった検定結果に対し、渡海紀三朗《とかいきさぶろう》文科相が、沖縄県議会の訂正申請に「真摯《しんし》に対応したい」と述べ、再修正に応じたのである。その後、教科書検定審議会は、「集団自決」に「日本軍が関与」したという教科書の記述は認める方針に転換したのだった。

事実、日本軍の命令書等は現存しないものの、「集団自決」には現地の日本軍や日本兵の強制、ないしは住民にそう思わせるような状況が存在したと考えていいだろう。ただ、一度決まった検定結果を県民の総意だからといって、このように簡単に修正してよいのだろうか。私は、教育の中立性からいって誤っていると思う。

そもそも、そんな教科書検定ならば、はじめから必要ないではないか——。

教科書調査官や審議会委員が検定意見を出すわけだが、そもそも調査官や委員がどのように選ばれているのかが不透明であり、やはり、調査官や委員のこれまでの研究蓄積や経緯に対する認識が甘かったため、今回のような混乱が生まれたのだと思う。

いずれにせよ沖縄戦は、1945年6月、司令部のある摩文仁《まぶに》の丘をアメリカ軍に奪われ、日本残存部隊は玉砕攻撃をおこない、牛島中将が司令部で自殺したことで組織的抵抗は終わった。この戦いで沖縄本島に降り注いだ砲弾は、1平方メートルに1発といわれ、軍人・民間人を含めて20万人が犠牲となった。とくに沖縄県人だけでみると、なんと4人に1人が亡くなっており、一家全滅も珍しくなかった。

沖縄の基地問題。悲劇は戦後も続いている

沖縄の悲劇は、太平洋戦争では終わらなかった。戦後沖縄は、日本本土とは切り離されてアメリカの軍政下に置かれた。そして1952年の日本独立後もアメリカ軍部の強い要請によって、そのままアメリカの支配下に置かれた。

とくに基地問題は深刻であった。沖縄は太平洋のキーストーンと呼ばれ、日本のみならず、台湾、中国大陸、朝鮮半島にも近く、軍事基地を置くにはまさに最適地であった。このため沖縄戦の最中からアメリカ軍は、沖縄本島に飛行場基地などを次々とつくりはじめたのである。このおり、基地の用地は、住人を追い出して強制収用することが多かった。

2015年、自民党の若手議員が開いた研究会で、ある人気作家が「普天間飛行場はもともと田んぼの中にあった。飛行場の周りに行けば商売になることで人が住みだした。そこを選んで住んだのは誰なのかと言いたくなる」と発言した。

この言葉は多くの沖縄県民の怒りを誘った。事実誤認だからである。

今も沖縄県土の10％以上がアメリカ軍に接収された土地である。確かにその作家がいうように民有地の多くは農地であった。けれども普天間については戦前も集落があり、9000人以上の人びとが生活していたのだ。アメリカ軍はそんな住人たちを追いだして基地をつくったのである。このため、人びとは基地周辺に住まわなくてはならなくなり、人口が増えた結果もあって市街地化したのだ。もちろん基地目当ての商売で移住した人びとがいたことも否定できないが、この作家の発言は事実誤認であるとともに、基地問題に苦しんできた多くの沖縄県民の心を傷つけることになった。

やはり沖縄の基地問題については、日本人としてきちんと基礎知識は身につけておくべきだと思う。

それに、接収された土地が農地だからかまわないということでもない。農地を奪われたことで、生業《なりわい》である農作業ができなくなって精神的にも経済的にも苦しんだ人びとは大勢いたのである。また、日本本土が独立した後も、反対する住民たちに対し、米兵立ち合いのもとでブルドーザーによって建物を破壊して土地を強制収用するケースがあったことも付け加えておく。

強制収用された土地について、地主には地代が支払われているが、その作家のいうように「基地の地主はみんな年収何千万円」というのは誤りで、当初、その借地料はきわめて安かった。それを県民の運動によって借地料を上げさせてきたという経緯がある。もちろん、返還してもらうことが地主の多くの願いである。さらにいえば、地主の75％は年200万円以下の借地料しかもらっていないことも判明している。

基地が存在することで沖縄県民は、アメリカ兵の犯罪や人権侵害に苦しむことになった。1995年にアメリカ兵が12歳の少女を拉致して集団で暴行した事件はマスコミに大きく取り上げられた。犯人たちは日米地位協定によって身柄を拘束することができなかった。これにより沖縄県民のみならず、日本人の反米感情、反基地感情が高まったが、1972年の沖縄返還前からこうしたアメリカ兵による女性暴行事件や県民殺害事件は多発しており、さらに基地があることによって航空機墜落事故や交通事故などアメリカ軍人による事故で犠牲になった県民も多い。

戦中戦後に沖縄県民が受けてきた苦しみを、他県の人間は理解する必要がある。

「沖縄の祖国復帰なくして、日本の戦後は終わらない」

1972年、沖縄は日本に復帰する。

その経緯について説明していこう。

日本の独立後もアメリカの支配下に置かれた沖縄だが、1952年、アメリカは行政府、立法院、上訴裁判所からなる琉球政府を設置した。ただ、沖縄の実質的な支配権は、琉球列島アメリカ民政府にあり、その長官であるアメリカ軍極東司令官が行政府の主席を任命でき、立法院が決めた法律も禁止する権限を握っていた。

1953年、立法院の議員たちの大半を構成員とする沖縄諸島祖国復帰期成会が成立、祖国復帰運動を展開しようとした。ところがアメリカは、この組織を弾圧して解体に追い込んだのである。

1954年、アメリカ民政府は、「基地用地について借地料16・6年分を一括払いすることで永代借地権を設定する」という計画を公表した。これに対して立法院は全員一致で反対の請願を議決、そして行政府は立法院、市町村会、市町村土地特別委員連合会とともに、代表を送ってアメリカ政府に対して一括払いの反対、適正補償と損害賠償の要求、新規土地接収の反対などを求めた。

そこで下院軍事委員会のメンバーが沖縄へ調査に赴き、1956年、その結果を「プライス勧告」として発表した。しかしそれは、沖縄の基地の重要性を指摘し、アメリカ民政府の判断の正しさ、すなわち借地料の一括払いを支持するものであった。

これに激怒した県民たちは「島ぐるみ闘争」を展開、それは日本本土にも波及し、日本政府もプライス勧告に反対する声明を出した。ただ、島ぐるみ闘争は、保守と革新の分裂によって弱まり、1958年、借地料を倍額にし、希望者には10年分を前払いするということで決着してしまった。ただ、この闘争でアメリカ政府は、「沖縄県民に配慮しなければアメリカ軍基地は維持できない」と理解し、1960年に琉球経済援助法を制定して、毎年600万ドルを上限とする経済援助をはじめ、さらに日本政府が経済支援することも認めた。これにより、沖縄は経済的に安定しはじめることになった。

しかしそうしたなかで、次第に祖国復帰を望む県民の声が強くなり、1960年4月、沖縄県祖国復帰協議会が結成された。それもあって、1962年にケネディ大統領が「沖縄は日本の一部である」と公式に認めたものの、アメリカ軍部はあくまで沖縄をずっと保持する考えを示した。けれど1963年からは「沖縄デー」がはじまるなど、復帰運動がますます盛り上がるとともに、人権闘争や土地闘争も盛んになっていった。

日本政府は、こうした動きに押されてアメリカ政府との間で沖縄返還交渉を進めるようになった。1965年1月には、佐藤（栄作《えいさく》首相）・ジョンソンの「日米共同コミュニケ」が公表され、沖縄返還について3年をめどに継続協議することになった。

とくに佐藤栄作首相は沖縄返還に積極的で、1965年には首相として戦後はじめて沖縄を公式訪問した。このおり佐藤は、「沖縄の祖国復帰なくして、日本の戦後は終わらない」というコメントを出した。

1968年、アメリカ民政府は琉球政府主席の公選を約束し、同年11月には革新派の屋《や》良朝苗《らちょうびょう》が当選した。その直後、嘉手納《かでな》基地でB52爆撃機が爆発事故を起こし、沖縄県の革新勢力は県民に呼びかけ、10万人で嘉手納基地を取り囲む計画をたてた。屋良はこれを中止させたが、アメリカはこうした動きに対して「このままでは沖縄の基地を維持できない」と考えはじめ、1969年11月、佐藤・ニクソン（大統領）の日米共同声明が出され、「1972年に核抜き・本土なみの返還」が明らかにされた。かくして1971年に日米間で沖縄返還協定が結ばれ、翌年、沖縄が本土復帰したのである。

こうして本土復帰した沖縄県に対し、日本政府は、基地の借地料を6倍に引き上げ、さらに県に経済的支援をおこなって沖縄の工業化をはかった。

ただ、現在も沖縄県土の10％以上がアメリカの軍用地であり、市街地にある普天間基地移設についても、鳩山由紀夫《ゆきお》民主党内閣は国外へ移設すると明言したものの、アメリカ政府の反対にあい、結局県外へも移設することができず、辺野古への移転が決まってしまった。

しかし2014年に、辺野古に基地をつくるため海を埋め立てるのに反対していた翁長《おなが》雄志《たけし》那覇市長が、沖縄県知事に就任。安倍政権に対して辺野古への基地移設撤回を強く求めるようになった。ただ、安倍内閣の反応が冷ややかなことから、辺野古沖の埋め立て工

1969年11月19日、沖縄返還に決着をつけるために訪米し、ニクソン大統領と会談する佐藤栄作首相
（写真／毎日新聞社）

事について知事の職権でこれを中止させる動きを取りはじめた。さらに「沖縄のことは沖縄で決める」という県民意識を高め、知事自らアメリカへ渡ってアメリカ政府と交渉するなど、独自の外交を展開しはじめた。そんな翁長知事は2018年8月に急逝したが、その後、後継者の王城デニー氏が知事に当選、その路線が引きつがれている。

一方で、沖縄県には41市町村があり、保守系の首長も多い。そうした中、2019年2月24日、辺野古米軍基地建設のための埋立ての賛否を問う県民投票がおこなわれた。投票率は県民の過半数を超え、「反対」は71・7%を占め、「賛成」の3・8倍に達した。これは有権者の38%にあたる。政府もこの結果を無視することはできないだろうから、基地建設問題に大きな動きが出てくるだろう。

なお、中国の政府関係者や学者、マスメディアのなかには、「沖縄は日本ではない」と考える人びとが少なくない。さらに、中世から近世まで琉球王国が清国に朝貢してきたことを理由に、「沖縄は中国の領土だ」と主張する人びともいる。こうした状況のなかで、日本本土にいる私たちは、これまで沖縄がたどってきた歴史、そして現在も続いている基地問題について、しっかり学び、しっかり考える必要があるのではなかろうか——。

9

尖閣諸島をめぐる「知られていない歴史」とは？

――経済大国日本

所得倍増計画から高度経済成長まで

占領期の日本は、アメリカの政策と太平洋戦争の打撃もあって、なかなか経済が上向かなかった。そうした状況が好転したのは、1950年の朝鮮戦争がきっかけだった。戦争に参戦したアメリカ軍からの需要が日本の企業に殺到、特需景気（好景気）が到来し、翌1951年にはGNPが戦前の水準を上回るようになった。

1955年から、さらなる好景気がはじまる。神武《じんむ》天皇以来の景気の良さという意味で、この好景気は神武景気と名付けられた。3年後の1958年には、天照大神《あまてらすおおみかみ》の岩戸《いわと》神話から命名された岩戸景気が到来する。1960年、池田勇人《いけだはやと》内閣は所得倍増計画を閣議で決定し、経済成長を最優先とする諸政策を展開していった。

その後、オリンピック景気、いざなぎ景気と大型景気が続き、神武景気から約20年間にわたって日本経済は経済成長率が年平均10％程度となり、1969年には世界第2位（資本主義国）の経済大国に成り上がったのである。

高度経済成長期に国民の生活も急速に豊かになっていった。1950年代には、三種の

よくわかる！
高度経済成長期の日本

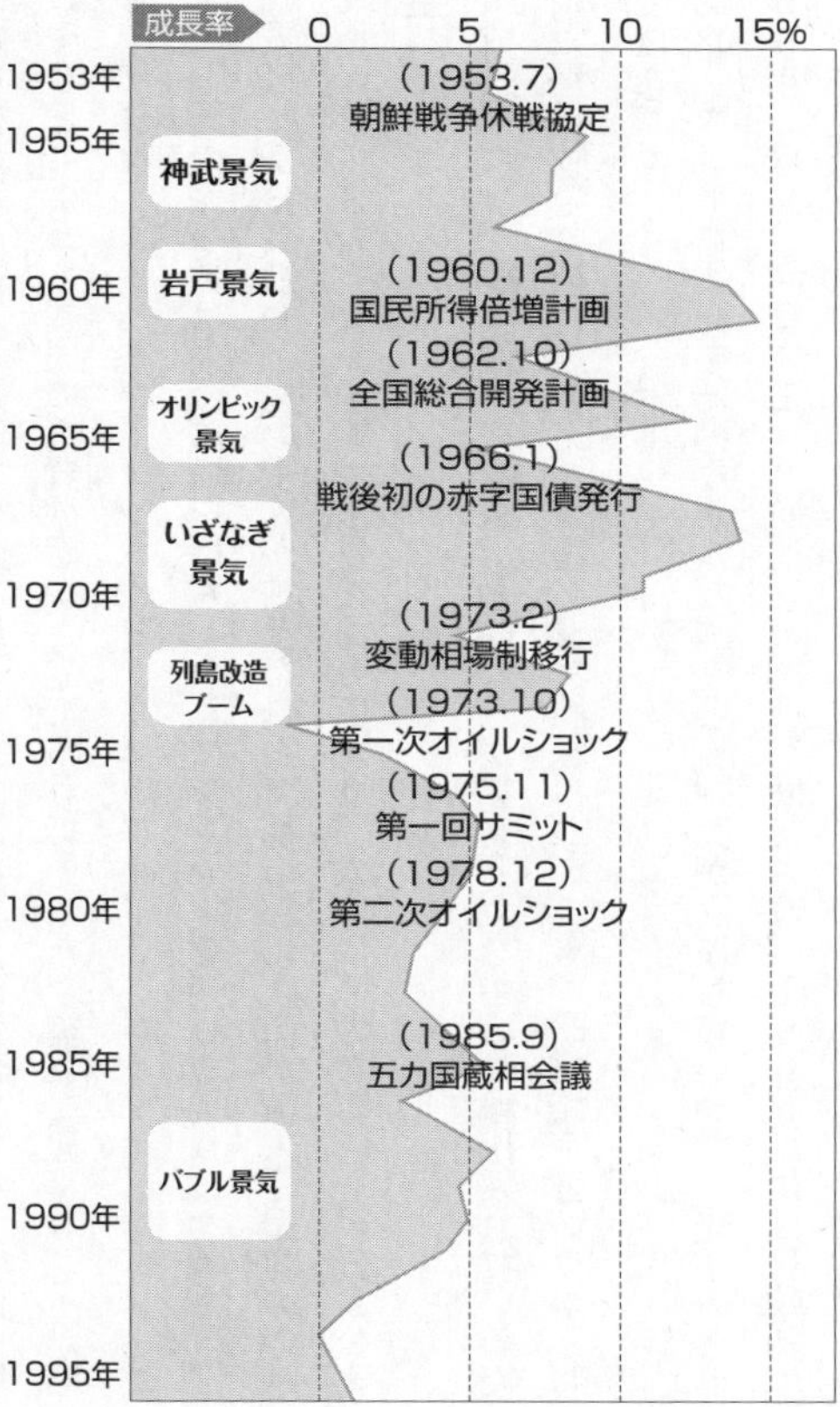

神器（白黒テレビ・洗濯機・冷蔵庫）と呼ばれた、高嶺《たかね》の花だった家電を購入できる家庭が増え、1960年代末には3C（カー・クーラー・カラーテレビ）が普及した。所得も増え、マスコミなどによって国民の消費欲がかき立てられていった（消費革命）。

1970年代には、スーパーマーケットやファーストフード店、コンビニエンスストアなどが登場。国民の大多数は中流意識を持ち、余暇にレジャーを楽しむようになった。

ただ、好景気による会社や工場の求人が増えたことで都市部に人口が流入、農村の過疎化が一気に進んだ。また、大気汚染や水質汚濁も広がり、人体に甚大な影響を及ぼす公害問題が発生した。

高度経済成長期には、繊維製品や鉄鋼、船舶などがアメリカを中心に輸出されていったが、さらに太平洋戦争で被害を与えた東南アジア諸国についても、賠償協定というかたちで経済進出をしていった。

サンフランシスコ平和条約を結べなかった国々とも国交が回復していった。先述のとおり、1956年、日ソ共同宣言によりソ連との国交が回復され、1965年には日韓基本条約が締結され国交が正常化された。

だが隣の大国・中華人民共和国との間ではなかなか正式な国交が樹立されなかった。

今なお続く二つの中国の存在

日本が戦争で最も大きな被害を与えた中国は、1951年のサンフランシスコ会議に招待されなかった。というのは、中国は中華民国（台湾）と中華人民共和国に分裂していたからだ。

アメリカとイギリスは、どちらを呼ぶかということで対立し、結局、両国とも招かないことで決着をつけたのである。

ただ、1952年に日本が独立すると、日本政府は蔣介石の中華民国と日華条約を締結した。つまり日本は、中華民国を中国の代表政府に選んだのである。これはアメリカの圧力によるものであった。時の吉田茂首相は、国連において中国の代表権がどちらにあるか決着するまで、中華民国との平和条約の締結を避けようとしていた。ところが、ダレス国務省顧問などが圧力をかけてきたため、日華条約を結んだのである。

しかし、これにより、中国大陸全体を支配する中華人民共和国との国交回復は、大きく遅れることになってしまう。

ただ、中華人民共和国との間に国交はなかったが、第一次民間貿易協定が結ばれ、民間での交易がはじまる。1955年の鳩山一郎内閣のとき第三次民間貿易協定が結ばれたが、岸信介内閣になると、台湾の中華民国との親密化がはかられたので、日中関係は悪化してしまう。とくに1958年、長崎のデパートで中国の食品展示会が開催されたとき、一人の青年が中華人民共和国の国旗を引きずり下ろし警察に逮捕されたが、すぐに釈放された（長崎国旗事件）。中国政府はこの措置について「この事件は岸内閣が容認したものであり、故意の挑発である。こうした侮辱に対し、中国は日本との文化・経済交流を絶つ」と宣言した。

だが、岸内閣にかわって成立した池田勇人内閣は、中華人民共和国との関係を改善し、貿易の増進をはかった。日中貿易促進会の鈴木一雄《すずきかずお》専務理事と周恩来《しゅうおんらい》首相との会談が実現し、民間での友好貿易が再開され、日中貿易の拡大や友好商社の拡大に合意した。

1962年、高碕達之助《たかさきたつのすけ》は民間企業の代表を含む33名の経済使節団を率いて中国にわたり、中華人民共和国側の代表・廖承志《りょうしょうし》と会談、高碕と廖との間で「日中総合貿易に関する覚書」（LT貿易協定）が調印された。この結果、日中貿易は急激に伸び、1964年には貿易額は3億ドルの大台に乗り、日台貿易を超えるときもあった。

田中角栄が北京で結んだ日中共同声明

池田内閣に続く佐藤栄作内閣は、中華民国（台湾）との関係を重視したため、中華人民共和国との関係は悪化してしまった。親台派の佐藤内閣に反発した周恩来は「台湾や韓国に投資する企業、アメリカのインドシナ攻撃に武器を提供している企業、日本とアメリカの合弁会社などとは貿易をしない」と申し入れてきた。これにより日中の経済・人的交流は一気にしぼんでしまったのである。

ただ、この時期、中華人民共和国はソ連との関係を極度に悪化させており、「アメリカと結んでソ連に対抗しよう」と動きはじめた。

同じくアメリカもベトナム戦争が泥沼化しているなか、敵対する北ベトナムを応援する中国と融和をはかるべきだと判断した。さらに、中国との関係が改善すれば、ソ連を牽制することにもなる。このためニクソン大統領は、1971年、日本政府に事前の相談もなく、訪中を発表したのである（ニクソン・ショック）。日本の駐米大使にこの事実が告げられたのは、なんと、プレス発表の1時間前だったという。同盟国なのに軽んじられたものだ。

同年、中華人民共和国は、国連において圧倒的多数で中国の代表権を獲得した。つまり、国際社会は中華民国ではなく、中華人民共和国こそが、中国の代表政府だと認めたのである。

いずれにせよ、同盟国であるアメリカが勝手に中国との関係を結ぼうとしたことで日米関係は損なわれたが、日本の財界はそれもあってアメリカに遠慮することなく、堰《せき》を切ったように続々と中国へ渡って交流をはじめた。中国は巨大な市場であり、魅力的な貿易相手国になる可能性があるからだ。野党の公明党や民社党も、訪中団を派遣していった。そうしたなか田中角栄内閣は、組閣するとすぐに「日中の国交の正常化を急ぐ」として、日中国交正常化協会を自民党内にもうけ、中国側へ積極的に国交正常化の打診をおこなった。

公明党の竹入義勝《たけいりよしかつ》委員長は、中国の周恩来首相と三度も会見をおこなったが、竹入は周首相から「毛沢東主席が、日中戦争の賠償請求を放棄すると言っている」という話を知らされた。さらに、国交正常化をするにあたり、中国は日米安保条約に触れないと約束したのだ。

北京の自宅で会談する毛沢東主席と田中角栄首相
（写真／時事通信フォト）

こうした中国側の柔軟な外交姿勢を知って竹入は、「日中国交正常化は可能だ」と判断、帰国するとただちに田中首相に、会談内容をまとめたメモを渡した。

かくして日中の国交正常化の動きが加速し、日中共同声明案を日中間で何度かやりとりした後、1972年9月、田中角栄首相は50人の日本政府代表団を連れて大陸へ渡った。田中首相は、北京で周恩来首相や毛沢東主席と会談し、日中共同声明に調印したのである。

「日本側は、過去において日本国が戦争を通じて、中国国民に重大な損害を与えたことについての責任を痛感し、深く反省する」

「日本政府は、中華人民共和国政府を中国唯一の合法政府と認める」

「中華人民共和国政府は、日本に対する戦争賠償の請求を破棄する」

「両国政府は、すべての紛争を平和的手段で解決し、武力または武力による威嚇《いかく》に訴えないことを確認する」

これが、共同声明の主な内容である。

なお、日中共同声明により、日華条約は無効となった。中華民国（台湾）は日本政府の背信行為を責め、外交関係の断絶を宣言した。ただ、その後も台湾とは経済・民間交流で太いパイプがあり、1980年代後半に国民党の李登輝《りとうき》総統が民主化を積極的に容認するようになってから、両国の関係はますます緊密になっている。

1978年、福田赳夫《ふくだたけお》内閣は日中平和友好条約を締結する。この条約では、「日中両国の恒久的な平和友好関係を発展させ、アジア・太平洋地域の覇権を求めない」ことが取り決められた。翌1979年、中国の最高指導者である鄧小平《とうしょうへい》が条約批准のために来日、昭和天皇と会見するとともに、「偉大な日本人民に学びたい」として、工場などを熱心に視察した。

以後、両国の貿易額は大幅に伸び、両国は経済的に切っても切れない関係に入り、2004年には日米貿易額を超え、最大の日本の貿易相手国となった。中国への日本企業の進出も急増し、ユニクロのファーストリテイリングに代表される日本企業は生産拠点を国内から中国に移し、中国の工場で商品を製造したり、あるいは最終製品の大部分をつくったうえで逆輸入するようになった。

なぜ総理の靖国参拝を中国は問題視するのか

経済的に年々緊密化していった日中関係だが、政治的には国際問題に発展する火種がいくつも横たわっていた。

とくに靖国問題と尖閣《せんかく》諸島問題は深刻であり、2010年代に入ってそれが経済関係にも大きな影を落とすようになってしまった。

1982年、中学・高校の歴史教科書検定において、文部省は戦前の中国への我が国の「侵略」という記述に対し「進出」と改めさせた。これに中国は大きく反発した。そこで日本政府は、中国の抗議に配慮して是正措置をとった。

しかしそれから3年後、中曽根康弘《なかそねやすひろ》総理大臣が終戦記念日の8月15日に首相として靖国神社を公式参拝すると、中国の学生たちが大規模な反日デモを展開したのである。このとき中国政府は、デモをおさえるなど冷静な対応をとり、中曽根首相も「翌年は靖国参拝を見合わせる」と明言したので、この騒動は鎮静化した。

それまで総理大臣が靖国神社に参拝することは何度もあったが、靖国神社に首相が参拝することを中国が問題視するようになったのは、1978年に東条英機元首相などA級戦犯が合祀されたからだとされる。それまでの歴代総理は、私人としての参拝、あるいは公私の別を曖昧《あいまい》にしたままの参拝であった。ところが中曽根総理は、A級戦犯が合祀された靖国神社に、日本国首相として終戦記念日（8月15日）に公式参拝したのである。

これは中国人にとって、許容できることではなかった。

戦後、中国の首脳部は日本の戦争責任について、戦争を主導した軍人・軍国主義者と、一般の日本国民とは明確に区分した。あくまで「悪いのは戦争指導者や軍国主義者であって、日本の国民は悪くない」と定義してきたのである。

このダブルスタンダードを日本が崩したのだ。

研究者の岡部達味《おかべたつみ》氏は、「中国式思考で日本人にとっての八月十五日を見れば、それは日本が戦争に負けた『国恥記念日』に当たるということであった。だから、日本の総理が八月十五日に靖国神社に参拝するということは、敗戦の雪辱、つまり報復のために行くのだということになる」（『日中関係の過去と将来　誤解を超えて』岩波現代文庫）と中国人の気持ちを推測している。私たち日本人には考えられない論理であるが、それを知れば中国人が怒るのも当然であろう。

それから10年後の1995年、戦後50周年の終戦記念日にあたって、村山富市首相が閣議決定に基づいて次のような首相談話を発表した。

「我が国は、遠くない過去の一時期、国策を誤り、戦争への道を歩んで国民を存亡の危機に陥れ、植民地支配と侵略によって、多くの国々、とりわけアジア諸国の人々に対して多大な損害と苦痛を与えました。私は、未来に過ち無からしめんとするが故に、疑うべくもないこの歴史の事実を謙虚に受け止め、ここにあらためて痛切な反省の意を表し、心からのお詫びの気持ちを表明いたします。また、この歴史がもたらした内外すべての犠牲者に深い哀悼の念を捧げます」

そう述べた。法的な拘束力をもたない談話とはいえ、これほど率直に戦争責任について、日本の指導者が言及したのははじめてのことである。

ところが翌年、橋本龍太郎《はしもとりゆうたろう》首相が自分の誕生日（7月29日）に現職の内閣総理大臣として靖国神社を参拝したのである。中曽根首相の公式参拝から11年ぶりのことであった。このとき橋本首相は私的参拝であることを明言したが、中国の批判を受け、以後は参拝を中止した。

1985 年 8 月 15 日、首相として公式に靖国神社に参拝する
中曽根康弘総理　　　　　　　　　　　　（写真／毎日新聞社）

中国の愛国主義教育と対日感情の変化

橋本龍太郎首相が靖国参拝をした当時、中国では徹底的な愛国主義教育がおこなわれるようになっていた。

1989年、中国で民主化運動が高まったが、中国政府は北京の天安門広場に座り込みをする学生に対し、人民解放軍を突入させた。これにより多くの若者が犠牲になり、民主化運動のリーダー数百人も逮捕された。こうして民主化運動は沈静化したが、中国の指導層は大きな衝撃を覚え、市場の対外開放と愛国主義教育によって国難を切り抜けようとしたのである。

研究者の毛里和子《もうりかずこ》氏は、社会主義的イデオロギーが意味をなさなくなるなかで、国民のアイデンティティの収斂《しゅうれん》場所について中国政府は「民族主義で権力を奪い取った中国共産党にとっては、民族主義つまり愛国主義以外にない」と考え、「一九九六年から『愛国主義教育模範基地』一〇〇ヵ所が指定され、二〇〇一年からはさらに一〇〇ヵ所の第二次指定、『愛国映画』の選定が行われた。共産党第一回党大会の旧址《きゅうし》、毛沢東の旧居などのほか、北京盧溝橋にある抗日戦争記念館、南京事件記念館、など日中戦争にまつわる旧跡が多い。これら『基地』には、各地から小中学生が参観に来て、日中戦争についての生々しい教育が行われる」「この愛国主義キャンペーン自体は、現在の日本に対する反対運動ではない。だが、新聞、テレビ、映画以外に、学校教育で日中戦争の『悲劇』を視覚から教え込まれる青少年の対日認識は、当然一定のベクトルをもつことになる」「二〇〇五年の『反日デモ』が、こうした中で育った若者によってあっという間に広がったという面は否定できない」（『日中関係』岩波新書　二〇〇六年）と説明する。

とくにインターネットが若者たちの反日運動を広げる有効な道具となり、もはや中国政府もこれを制御できないほどに成長しつつあるという。中国政府の公式見解である日本の戦争責任のダブルスタンダードが通じなくなってしまったわけだ。

また90年代に驚異的な経済成長を遂げた中国人は、大国意識を持つようになった。それは、2003年に出版された排外的な民族主義を説く『ノーと言える中国』がベストセラーとなったことでもわかる。このように、愛国主義教育と経済大国となったことが、中国人の対日感情に大きな変化をもたらしたといえるのである。

だが、日本でも同じ頃、ナショナリズムが高まりはじめた。

戦後50年をきっかけに歴史の見直しが盛んになり、藤岡信勝《ふじおかのぶかつ》氏が『自由主義史観研究会』を発足させ、これまでの学校での歴史教育の内容を自虐史観だとしてその修正を主張するようになった。藤岡氏は、「日本の平和教育は一面的であり、世界平和を自分たちの手で作り出す気構えが欠如している。社会主義が崩壊し冷戦が終結し、国際情況が根本的に変化した今、平和教育のパラダイム（枠組み）の転換（特に歴史教育。なかでも近現代史分野）が必要だ」と述べ、新たな史観として自由主義史観を提唱（歴史修正主義）し、この史観に立って歴史教育を推進すべく自由主義史観研究会をつくり、近現代史教育の改革運動を開始したのである。

この自由主義史観に小林よしのり氏など人気漫画家なども積極的に参画し、さらにこの史観に基づく歴史教科書などが発行されたことで、若者層を中心にこうした考え方が受け入れられ、2000年代に入ると、それは決してマイノリティといえないほどに日本社会に受容されるようになった。

中国が経済的・軍事的に強大化し、愛国教育によって反日に傾いた若者が日本を攻撃する。対して自由主義史観の影響を受けた日本人がそれに反発する。その態度が、中国の若者たちの反日感情を高めるといった悪循環におちいりはじめたのである。

そして決定的だったのが、8月15日に靖国公式参拝を公約として首相に就任した小泉《こいずみ》純一郎《じゅんいちろう》内閣の成立である。

中国の強い抗議にもかかわらず、小泉首相は任期中に靖国神社への公式参拝を断行した。これにより日中関係は極度に悪化し、日中の首脳会談もおこなわれないという異例の状況になった。

やがてこの靖国問題は、日中間の経済にも悪影響を及ぼすまでになる。

ただ、そんな小泉内閣だったが、戦後60年の首相談話については、村山内閣の談話を引き継いだのである。

尖閣諸島の知られていない歴史

自民党が政権から転落し、2009年に民主党政権が誕生する。民主党の鳩山由紀夫首相は、任期中は靖国神社に参拝しないことを明言した。このため日中の火だねとなっていた靖国問題は落着した。日本の総理が参拝しないかぎり、軋轢《あつれき》は生じないからである。

ところが今度は、尖閣諸島をめぐる領土問題が発生したのである。

２０１０年9月、尖閣諸島近くの海域に中国漁船を発見した海上保安庁の巡視船が、漁船に海域からの退去を命じたにもかかわらず、それに従わず、巡視船に船体を衝突させるなど危険行為をおこなったので、海上保安庁は船長を逮捕した。その後船長らは取り調べを受け、送検された。

これに対して激怒した中国政府は日本に強く抗議をし、船長らの即時釈放を要求、さらに日本との閣僚級の往来を停止するなど、さまざまな報復措置をとった。驚くべき過剰な反応だが、中国にとってそれは当然の措置であった。周知のように中国は、「尖閣諸島は中国の領土だ」と主張しているからである。その主張からすれば、「自国の領土内に入り込んでいた日本の海上保安庁の船が、自国の漁船を拉致《らち》して連れ去り、拘束した」ことになる。おそらく日本でも、中国公安辺防海警部隊の船が日本の領海に入ってきて日本の船を連れ去ったら、同様の措置をとるはずだ。

そこで時の菅直人《かんなおと》内閣は、日中関係を考慮して中国人船長を処分保留で釈放し、中国へと送還して決着をはかった。

ただ、これにより日中関係はにわかに悪化した。

そもそも尖閣諸島というのは、どのような島々であり、なぜ日中間での火だねとなっているのだろうか――。

尖閣諸島は、沖縄県に属する魚釣島《うおつりじま》、北小島《きたこじま》、南小島《みなみこじま》、久場島《くばじま》、大正島《たいしょうじま》などの島々である。総面積は6平方キロメートルに満たないものであるが、現在、日本と中国と台湾が領有権を主張している。

もともとは無人島であったが、日本政府は尖閣諸島を調査した結果、どこにも所属していないことを確認したので、1895年に沖縄県に編入した。政府は実業家の古賀辰四郎《こがたつしろう》に尖閣諸島を30年間無償で貸与することとし、古賀はアホウドリの捕獲、海鳥糞の採掘、鰹漁などをおこない、その事業のため尖閣諸島には200人以上の人びとが居住していたという。だが、古賀一族が事業をやめたことで、島々は再び無人島に戻った。

ただ、沖縄県の石垣島《いしがきじま》（先島諸島の一つ）から130キロから150キロの場所に位置することから、尖閣諸島は先島諸島に属すると考えてよいだろう。

ただ、かつて明治政府は、この先島を中国（清国）に割譲しようとしたことがある。

前述のとおり（229ページ）、日本は1879年に琉球王国を強引に国土に併合した（琉球処分）。このおり、琉球の人びとのなかには朝貢国であった清国に救いを求める者もいた。

　このため清国は、アメリカのグラント前大統領に琉球問題について仲介を要請した。来日したグラントは、伊藤博文ら日本政府の首脳たちと会見した。このとき伊藤らは「対等条約である日清修好条規を、日本に有利なように修正してくれるなら、先島諸島を清国に割譲してもよい」と約束したのである。そこで清国もこれに同意し、1881年2月、先島を清国へ引きわたすことになった。だが、この協定を調印する直前、清国側が不平等条約を結ぶことに躊躇《ちゅうちょ》し、この話は流れてしまった。

　もし先島分島案が実現していたら、当然、日本より清国領である台湾に近い尖閣諸島は、中国の領土になっていたことだろう。これは、ほとんど知られていない歴史だが、かつて日本政府は、尖閣諸島を含む先島諸島を中国へ割譲しようとしていたのである。

　さて、尖閣諸島は明治時代以来、沖縄県として日本の統治下にあったわけだが、戦後アメリカが沖縄に軍政を敷くと、アメリカの支配下に入った。そして1971年に沖縄返還協定が結ばれると、当然、日本に復帰した。

　ところが、1969年、尖閣諸島周辺の海底に大量の石油資源が埋蔵されていることを国連が発表すると、にわかに中国と台湾が領有権を主張しはじめたのである。

1978年、来日した鄧小平は、尖閣諸島の領有権の棚上げを提案した。しかし日本政府は、「尖閣諸島は日本の固有の領土であり、主権をめぐる紛争はない」として、その提案を認めなかった。

1996年、日本の政治団体が尖閣諸島の北小島に灯台を建設した。すると中国政府と台湾は「領土の侵害だ」と日本に抗議。香港、台湾などから多数の漁船が尖閣諸島付近に現れ、領海侵犯を繰り返した。また中国国内では、大々的に抗議デモがおこなわれたのである。

その後も尖閣諸島をめぐっての紛争は断続的に続き、現在にいたるのである。

とくに石原慎太郎《いしはらしんたろう》元都知事が私有地であった尖閣諸島を東京都で買取ろうという運動をすすめると、2012年、ついに日本政府は尖閣諸島を国有化した。

すると中国はすさまじい反発を見せ、大規模な反日デモが発生したことは記憶に新しいだろう。その後中国軍は、尖閣諸島への領海・領空侵犯を繰り返すようになった。とくに軍の中堅幹部は、愛国主義教育を受けた世代が中心になっており、場合によっては偶発的な日中の武力衝突に発展する危険性が高くなっている。

いずれにせよ、歴史認識問題、靖国神社、尖閣諸島など、日中間に横たわる諸問題に対し、いかに両国が冷静に対処するかが今後の課題になってくるのだろう。

経済大国ニッポンはどこへ向かっているのか

１９７１年、アメリカは金とドルの交換を停止（ドルショック）した。ベトナム戦争などの原因でドルの力が弱くなってしまったのだ。このため2年後には世界の国々は変動相場制へと移行した。同年、中東諸国が原油価格を数倍に引き上げたため、石油ショックが起こった。このため高度成長を続けていた日本も、１９７４年、経済成長率がマイナスを記録し、経済成長は終わりを告げた。しかし日本企業は、省エネや人件費削減、ＭＥ化・ロボット化などの経営努力でオイルショックを乗り切り、鉄鋼、半導体や自動車、電化製品などを欧米諸国へ輸出、日本経済はいち早く復活をとげた。

ただ、先進国に対する貿易黒字は拡大し、とくにアメリカとの貿易摩擦が深刻になり、我が国は貿易不均衡の是正と一層の市場開放を求められた。また、経済大国としての国際貢献を要求され、１９８０年代半ばからＯＤＡの額が急増した。

戦後 70 年談話を発表する安倍晋三首相（写真／毎日新聞社）

1985年、G5の合意によって急激な円高が進行する。企業は円高による貿易黒字を土地や株式に投資したため、地価と株価が急騰、好景気が到来した（バブル経済）。だが政府と日本銀行が、中身のともなわない土地と株の高騰を是正しようと土地の融資規制や金利の引き下げを断行したため、株価と地価が暴落（バブル経済の崩壊）、金融機関の不良債権も膨張、日本経済は長期的な不況（平成不況）となった。

さらに2008年のリーマンショックにより日本経済はダメージを受けたが、2012年に発足した第二次安倍晋三内閣の「アベノミクス」（経済政策）によって株価が高騰、日本経済は好転しはじめた。

ただ、日本はかつてのような経済大国ではなくなりつつある。

バブル崩壊後、日本が長期的に経済低迷している間、中国が驚異的な経済成長を遂げた。韓国の経済成長も著《いちじる》しかった。

さらに2011年3月11日、東北地方の太平洋沖でマグニチュード9・0という巨大地震が発生。我が国で観測されたことのない未曾有《みぞう》の規模の地震であった。この大地震に伴って巨大な津波が東北の太平洋沿岸部を襲い、2万人近い死者・行方不明者を出した。

しかも、この地震は天災の域におさまらなかった。地震と津波によって福島県の第一原子力発電所の冷却機能が奪われ、そのうち2基が爆発を起こし、東北のみならず関東地方にまで大量の放射能をばらまいたのである。

このような世界における経済的地位の低下や震災のダメージによって、日本人のなかに「焦り」が出てきているように思える。そんな日本人にとって、あらためて国際的諸問題の歴史的経緯を学ぶことは、大変重要なことだと考える次第である。

本文関係歴史年表

1853	嘉永6	ペリー浦賀に、プチャーチン長崎に来航
1854	嘉永7	日米和親条約
1858	安政5	日米修好通商条約。安政の大獄
1860	安政7	桜田門外の変　井伊直弼、討たれる
1867	慶應3	大政奉還。王政復古の大号令
1868	明治1	戊辰戦争。五箇条の誓文発令
1869	明治2	東京遷都。版籍奉還
1871	明治4	廃藩置県。
1873	明治6	徴兵令。地租改正条例。征韓論敗北する。
1877	明治10	西南戦争
1889	明治22	大日本帝国憲法発布
1890	明治23	帝国議会開会
1894	明治27	日清戦争
1904	明治37	日露戦争
1906	明治39	満鉄設立
1910	明治43	韓国併合条約
1913	大正2	大正政変（第一次護憲運動）
1914	大正3	第一次世界大戦参戦
1915	大正4	中国に二十一カ条の要求
1921	大正10	ワシントン会議で四ヵ国条約調印
1923	大正12	関東大震災
1927	昭和2	金融恐慌
1931	昭和6	柳条湖事件、満州事変
1932	昭和7	満州国建国宣言。五・一五事件
1933	昭和8	国際連盟脱退
1936	昭和11	二・二六事件。日独防共協定

1937	昭和12	盧溝橋事件。南京事件
1940	昭和15	日独伊三国同盟成立。大政翼賛会
1941	昭和16	日ソ中立条約。ハワイ真珠湾攻撃
1945	昭和20	東京大空襲、広島・長崎に原爆ポツダム宣言受諾、降伏文書に調印
1946	昭和21	天皇人間宣言。日本国憲法発公布、翌年施行
1948	昭和23	極東交際軍事裁判（東京裁判）判決
1950	昭和25	朝鮮戦争始まる。警察予備隊創設
1951	昭和26	サンフランシスコ平和条約・日米安全保障条約調印
1960	昭和35	日米新安全保障条約調印、反対デモ起きる
1964	昭和39	東京オリンピック開催
1969	昭和44	日米共同声明
1970	昭和45	大阪万国博覧会開催
1971	昭和46	沖縄返還協定調印
1972	昭和47	札幌冬季オリンピック開催。沖縄祖国復帰
1976	昭和51	ロッキード事件
1978	昭和53	日中平和友好条約、靖国神社A級戦犯合祀
1992	平成4	PKO協力法成立
1995	平成7	阪神・淡路大震災。地下鉄サリン事件
1998	平成10	長野冬季オリンピック開催。日韓首脳共同宣言
2004	平成16	北朝鮮より拉致被害者家族5人帰国。自衛隊、イラク派遣
2009	平成21	民主党政権誕生
2011	平成23	東日本大震災、福島第一原発事故発生
2015	平成27	安保関連法案強行採決

祥伝社黄金文庫

ニュースがよくわかる日本史《にほんし》 近現代編《きんげんだいへん》

平成31年3月20日 初版第1刷発行

著 者 河合《かわい》 敦《あつし》
発行者 辻 浩明
発行所 祥伝社《しょうでんしゃ》

〒101－8701
東京都千代田区神田神保町3－3
電話 03（3265）2084（編集部）
電話 03（3265）2081（販売部）
電話 03（3265）3622（業務部）
http://www.shodensha.co.jp/

印刷所 萩原印刷
製本所 ナショナル製本

 ISBN978-4-396-31753-9 C0121